JN074216

基本テキスト
企業法総論
商法総則

永井和之・三浦　治

木下　崇・一ノ澤直人 ［著］

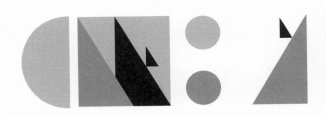

中央経済社

はしがき

　本書は，大学の法学部や法科大学院の学生を念頭において，教科書として執筆したものです。ただし，本書第1編の「企業法総論」については，商法の教科書の枠を超えて，わが国の法体系における企業法の位置づけ・構成，そして国際化といった視点から執筆しています。

　「商法」という名称を付されて国会で制定された法律（形式的意義の商法）には，かつて，現在より豊富な内容が規定されていました。しかし，「手形法」・「小切手法」の制定（昭和7年・8年）とともに，当時の商法第四編「手形」は削除されました。さらに，平成17年の「会社法」制定とともに当時の商法第二編「会社」が，平成20年の「保険法」制定とともに当時の商法第二編第十章「保険」が，それぞれ削除されました。もっとも，もともと同じ法律で規定されていたことから，現在でも，講学上は，これらの法律（および趣旨を同じくする法規制）を含んだものとして「商法」と呼ばれています。そして，こうした意味での「商法」は豊富な内容を含むゆえに，逆にどこに統一性を求めればよいのか，特に民法との関係でどういう意義が認められるのかという議論（実質的意義の商法論・商法対象論）が盛んに行われ，そこにおいて，企業法という概念が確立されてきました（商法は，企業をめぐる経済主体の利益調整を目的とする私法であるとする企業法説）。

　ただし，本書でいう「企業法」は，それを一歩進め，企業に対する法規制全体を射程に入れ（最広義の企業法として憲法も含まれてきます），また，その中での各法の機能分担ないし相互の関連・連携を意識した概念として用いています。よって，裁判規範にはならずとも企業のあり方を律する諸規範も「企業法」に含まれてきます。特に本書第1編は，この視点を前面に，特に企業組織法に重点を置いて執筆しています。第2編以下を読み進めながら，あるいは「会社法」を含めてひと通り学習し終えた後であっても，熟読・味読してもらえればと思います。

　第2編以下は，そうした視点を基礎としつつ，商法第一編「総則」所定の規制を対象として，その解釈論を中心として執筆しています。オーソドックスな

教科書の体裁です。もっとも，その規制は基本的に会社法第一編「総則」にも受け継がれているため，会社法の規制も十分に意識して執筆しています。

　また，そこでは，制度を正確に記すことは当然ですが，それを十分に理解してもらうためには具体的なイメージを持ってもらうことが重要と考えていることから，具体例を想起できるような論述を心がけています。そして，解釈上の問題についても具体的に示し，できるだけ執筆者の見解を明らかにすることによって（これをコラムで論じている問題も多いです），読者それぞれが自ら考えてもらうための契機となることをめざしました。

　執筆者としては，本文中のクロス・リファレンスや巻末の事項索引などを利用して，本書のあちこちを行ったり来たりすることにより，また，多くの書き込みや付箋が貼られたりすることによって，読者それぞれの体系的な理解に資することができることを願っています。

　本書のすべてにわたり，中央経済社学術書編集部の露本敦氏から多くのご助言をいただき，ご示唆を与えていただきました。氏をはじめ種々の作業を行っていただいた中央経済社の方々に感謝申し上げます。

　2022年（令和4年）3月

執筆者一同

目　次

第1編　企業法総論

第2編　商法総則：総論

コラム

〔略語一覧〕

条文番号のみ	商法
商施規	商法施行規則
会社	会社法
会施規	会社法施行規則
会計規	会社計算規則
会社整備	会社法の施行に伴う関係法律の整備等に関する法律
国際海運	国際海上物品運送法
小切手	小切手法
手形	手形法
商登	商業登記法
商登規	商業登記規則

*

一般法人	一般社団法人及び一般財団法人に関する法律
銀行	銀行法
金商	金融商品取引法
刑	刑法
憲	憲法
公益法人	公益社団法人及び公益財団法人の認定等に関する法律
資産流動化	資産の流動化に関する法律
消費生協	消費生活協同組合法
商標	商標法
私立学校	私立学校法
信託業	信託業法
スポーツ振興	独立行政法人日本スポーツ振興センター法
担信	担保付社債信託法
知財	知的財産基本法
中協	中小企業等協同組合法
電気事業	電気事業法
投信	投資信託及び投資法人に関する法律
特定商取引	特定商取引に関する法律
独禁	私的独占の禁止及び公正取引の確保に関する法律（独占禁止法）
特許	特許法
農協	農業協同組合法

破産	破産法
不正競争	不正競争防止法
放送	放送法
保険業	保険業法
民	民法
民訴	民事訴訟法
有限責任事業組合	有限責任事業組合契約に関する法律

*

大判	大審院判決
最（大）判（決）	最高裁判所（大法廷）判決（決定）
高判	高等裁判所判決
地判	地方裁判所判決

*

民録	大審院民事判決録
民（刑）集	最高裁判所民（刑）事判例集
裁判集民	最高裁判所裁判集民事
下民集	下級裁判所民事判例集
高民	高等裁判所民事判例集
判決全集	大審院判決全集
判時	判例時報
判タ	判例タイムズ
金判	金融・商事判例
金法	金融法務事情
商事	旬刊商事法務
新聞	法律新聞

第1編

企業法総論

第1章

━━━━━●━━━━━━━━━━━━━━━●━━━━━

企業法総論の意義

　企業を取り巻く法は，どのように体系化されているのであろうか。その総体ともいうべき全体図を明らかにするのが企業法総論の役割である。このことは，一方では，現在企業がどのような法的環境の下で存在しているのかを明確にすること，すなわち，各法の個別機能を超えた，その総体としての機能を明らかにすることである。他方では，各法は，その全体の中において，どのような役割を分担し，他の法律と有機的にどのように連携し，その機能を発揮しているのかということを明確にすることである。

　そのような視点で，企業法の全体図をここで概観するならば，次のようにいえるであろう。

　企業法の中核となっているのは，最狭義の企業法で取り上げる企業組織法，企業取引法，企業不法行為法など企業に適用される特有の私法である。その上に狭義の企業法として取り上げている企業私法ともいうべき民法などが加わる。そのさらに上に広義の企業法というべき経済法等の公法と私法の融合領域がある。そして，最も大きな企業法秩序が憲法秩序以下の最広義の企業法である（下記コラム1参照）。

　この企業に適用される憲法以下のすべての法を含む最広義の企業法の意義は，まず第一に，企業法の全体図を捉えることにある。そして企業法全体としての理念と構造を確認し，そのうえで，それぞれの法の役割分担を確認し，法相互の有機的な連携を整理し，もって，最も効率的で効果的な法秩序を構築するという実践的な目的を有している。そこにおいては，その法秩序全体において，企業の特殊な法的な要請がどこにあるのか，また，企業に対する社会の特殊な要請がどのようなものであるのかをよく理解して，企業に対する効率的で効果的な企業法体系を構築することが必要である。

　なお，このような国内の実定法規から成り立っている企業法の全体図は，現在さらに拡大している。それは一方では，いわゆるハード・ロー[1]を取り巻く企業法的ソフト・ローの世界であるし，他方では，わが国の企業に対しても域

外適用されてくる外国の企業法規等の拡大という現象である（世界の国々においては，拡大している域外適用法規と，それに対抗する国内法規の拡大という状況がみられる。域外適用について，後記本編第9章参照）。

このソフト・ローについても，わが国のソフト・ローのほかに，世界基準など世界のソフト・ローも，わが国企業に影響を及ぼしているわが国のソフト・ローのひとつになってきている。

このように，域外適用される外国の法や世界基準ともなってきているソフト・ローなども，広い意味では，わが国の企業を取り巻く企業法の一環をなしているという状況がある。わが国の企業法の全体図を示すというときには，このような域外適用されてくる外国法，そして，現実に企業行動を規制してくる世界基準などのソフト・ローも含んで，その全体図を考察しなければならない。

といっても，ここでいう企業法体系は，あくまでもわが国の企業法体系であり，域外適用されてくる外国法規や国際的なソフト・ローなども，わが国の法体系に摂取した形で位置づけなければならない。

コラム1

企業法の意義

企業法という場合にも，そこには以下のような広狭の意義がある。
①　最広義の企業法には，企業に適用される憲法以下すべての法を含む。このような企業法では，それぞれの法の役割分担を確認し，法相互の有機的な連携を整理して，もって，最も効率的で効果的な企業法秩序全体を構築することになる。
②　広義の企業法には，企業に適用される私法（民法・会社法・保険法など）と経済法（独占禁止法，消費者契約法，金融商品取引法などこれらを総称して経済法ということがある）を含み，ここにおいては企業の経済活動に直接的に適用される私法と経済法との役割分担，その効率的かつ効果的な相互関係の在り方を確認し，もって，最適な経済秩序を構築することになる。

1）　裁判において適用される規範を裁判規範といい，これをハード・ローという。これに対して，裁判規範ではないが，現実の行為を律していくという機能を有しているものを行為規範といい，これをソフト・ローという。ソフト・ローについては，後に詳述する（後記本編第7章）。

③　狭義の企業法は，企業に適用される私法をいい，とりわけ民法と最狭
義の企業法が含まれる。ここでは私法の一般法である民法と最狭義の企
業法との整合性を確認する一方で，他方では，民法の特別法としての最
狭義の企業法の特異性を確認する。

④　最狭義の企業法は，企業に適用される特有の私法をいう。この最狭義
の企業法の体系には，㋐企業組織法，㋑企業取引法，㋒企業不法行為法
が考えられる。

　なお，ここで企業法総論と商法や会社法など企業についての個別の法との関
係について述べておく。企業法という法律があるわけではなく，商法典（形式
的意義の商法，明治32年３月９日法律第48号）が対象にしている商人も，会社法
典（平成17年７月26日法律第86号）が対象にしている会社も，企業のひとつとし
て位置づける（さまざまな企業形態については，後記本編第３章参照）。そして，
ここでの企業法総論とはあくまでも現行法体系の中で，企業を対象にしている
各法が，全体としてどのように体系化され，その論理が何であるのかというこ
とを検討するものである。よって，最広義の企業法でいうように憲法秩序で企
業を対象にしている法には，どのような法があり，それぞれがどのような役割
を分担して企業に関する法秩序を構成しているのかを明らかにし，そこにおけ
る論理は何かということを明らかにすることを第一の目的としている。その上
で，そのような大きな法秩序の下で各法の役割分担を明らかにしようとするも
のである。

　その意味では，実質的意義の商法論（商法として統一的な理念をもって総合的
体系的に把握される特殊の法領域に属する諸規定を実質的な意義の商法として，形
式的意義の商法と対比する見解）とは，視点が異なる。たとえば，実質的意義の
商法を企業法とした西原寛一博士は，企業に特有の生活関係を対象とする私法
が，実質的意義の商法であるとされた[2]。そして企業とは，「私経済的自己責
任負担主義の下に継続的意図を以って企画的に経済行為を実行し，これによっ
て国民経済に寄与すると共に，自己及び構成員の存続発展のために収益を上げ
ることを目的とする，一個の統一ある独立の経済的主体である」とされている。

　しかし，このような実質的意義の商法を企業法としても，実定法としての商

---

[2]　西原寛一『日本商法論　第１巻〔第２版〕』（日本評論社，1950年）参照。

法の解釈にとって何らかの意味があるのかという点では疑問も提起されていた[3]。

　本書での企業法論はあくまでも上述したように，憲法秩序において企業に適用されている（企業を対象にしている）各法が全体として，どのような法秩序を構成し，体系化され，そして，それぞれどのような役割分担をしているのかを明らかにしようとするものである。そのような視点は商法や会社法の解釈だけではなく，企業法として捉えられている各法の解釈にとっても実質的な意義を有すると考えている。

3）　福瀧博之「実質的意義の商法と企業法・序説─Bydlinskiの企業法論─」関西大学法学論集54巻6号1131頁（2005年）。

第2章

最広義の企業法の意義

第1節　憲法秩序における企業の位置づけ

　憲法以下の法体系という法秩序の中で，企業はどのように位置づけられているのだろうか。

　まず憲法と企業という問題である。憲法では財産権を保障している（憲29条）。そして，財産の使用・収益・処分の動的な側面である営業の自由を，職業選択の自由（同22条）として保障している[1]。

　この憲法が保障している営業を営む主体を企業という。この企業という存在が私有財産制度の具体的な形である以上，企業法は私的所有の論理を主たる論理（縦糸としての論理）として構築されることになる（企業法の主たる機能）。

　しかし，憲法で保障された私有財産も公共の福祉に従うことになる。とすれば私的所有の論理を主たる論理とする企業も，公共の福祉に従うこととなる（企業の社会的責任の出発点：その1）（これが主たる論理である私的所有の論理と利益衡量される利益として取り上げられることとなる……横糸としての論理）。すなわち，憲法で保障された営業の自由が憲法29条の財産権の保障に由来する以上，その営業も公共の福祉に適合しなければならない（同条2項）。この点が，後述する企業の社会的責任など企業を取り巻く規制等として，具体化していくことになる（後記**本編第6章第4節**参照）。

　また，憲法で保障された基本的人権を有する国民は，国に干渉されずに自由な生活を営むことが保障されなければならない。そのような自由な個人の生活を基本的に律しているのは民法である。民法は国家に干渉されずに人が自己の私有財産をもって，自己の意思で自己の生存を維持する社会生活を保障している（後述参照）。そこには自己の労働力という財産をもって賃金や報酬を得て

　1）　なお，商法16条では「営業を譲渡」というように「営業」という語が使われているが，会社法21条では「事業を譲渡」というように，「事業」という語が使われている。本書第3編第2章第1節1参照。

生活する人のために雇用の場を提供する企業が必要である。また，人々が生活するのに必要な商品やサービスを提供する存在がなければならない。このように人に働く場を与え，生活に必要な商品やサービスを提供する主たる存在が企業である。この存在意義から企業には社会的に人々に働く場を提供し，生活に必要な商品やサービスを提供する責任が生じる（企業の社会的責任の出発点：その2）。

　このような企業の存在は，出発点においては「見えざる手」の調和により，自由放任経済活動の下で発達していくものと考えられ，その社会の発展の中で人々も幸せになるものと考えられていた（近代市民社会）。すなわち，本来，近代的な資本主義社会においては，自由放任の論理の中でアダム・スミスの「見えざる手」による市場の自動調節作用が機能し，商品価格や生産量は市場における需要と供給のバランスにより決定されると考えられていた。そのような考えの下で，国家は民法，商法などの私人間における紛争解決ルールの整備と刑法などを通じた治安維持を行えばよいとして六法体制を採用していた（大陸法系の国。近代の六法については**本章第2節**参照）。ここでの国家の役割は最小限の治安と国防にとどめ，国民の経済活動には介入しないとされた「夜警国家・消極国家」である。

第2節　近代六法体系

　現代の企業を取り巻く法的環境は，各法によって構築され，それぞれの役割分担や，場合によっては連携によって，健全な経済の発展を確保しようとしている。そして，最広義の企業法は，前述のように企業に関する法の全体を視野に入れた考察をすることによって，最も広範囲にわたる企業法秩序を構築しようとするものである。

1　憲　法
　近代的意味の憲法とは，基本的人権の保障と国民主権や権力分立などの統治規定を定めた憲法をいう。この憲法は法秩序の中で最高規範としての位置を占めている。そして，この憲法秩序の下で，各法はそれぞれ役割を分担している。
　まず，憲法には大きく分けて，基本的人権の保障規定と統治規定がある。フランスにおいても，フランス人権宣言を踏まえた人権規定と，統治について定

めた規定からなるナポレオン憲法が定められた。当時の基本的人権は自由権的
基本権であり，国家権力が侵すことができない権利である。この基本的人権を
制度的に保障するのが統治の規定である。すなわち，人権を侵してくる国家権
力自体を国民主権の下におき，そして権力を分立し，濫用を防ぐというのが統
治規定である。

2　刑　法

　近代憲法は自由権的基本権を保障する。国家は自由権的基本権を侵してはな
らない。それでは国家は何のために存在するのか。国家権力は国民の財産や自
由を侵さないとしても，私人が侵すかもしれない。そこで国民間における身体
への侵害，財産の窃取などから国民を守る必要がある。そのために近代国家は
警察権力を独占して，国民の安全を守る機能を独占した（夜警国家論）。しかし，
国民の人権を守る警察権力の恣意的な行使を防ぐためには，どういう場合が警
察権力の行使の対象となる犯罪なのかを法律によって定める必要があった。ま
た，犯罪に対する刑罰も法律によって定めなければ，刑罰権の濫用が生じる。
この犯罪と刑罰を法律で定めるというのが，罪刑法定主義である。この犯罪と
刑罰を定めている法律が刑法である。

　憲法で保障された営業は私有財産として，刑法においても以下のように保護
法益とされている（このように財産権を侵害する犯罪は財産犯と総称されている）。
ここには業務妨害罪（刑233条），威力業務妨害罪（同234条），窃盗罪（同235条），
強盗罪（同236条），詐欺罪（同246条），背任罪（同247条），恐喝罪（同249条），
横領罪（同252条），業務上横領罪（同253条），器物損壊罪（同261条）等の規定
がある。

3　刑事訴訟法

　警察権力が犯罪を取り締まるにも，その捜査権力が恣意的に行使されないよ
うに，法律で捜査手続を定める必要がある。また，捜査機関による捜査で犯人
が確定したとしても，その捜査結果が正しいかどうか，客観的に判断する裁判
手続が必要である。この捜査手続と刑事裁判手続を定めているのが，刑事訴訟
法である。

　以上，憲法，刑法，刑事訴訟法の三つの法律は（後述する民事訴訟法も），六
法体制では国家と国民の関係を定めている。このような法の対象とならない限

り，国民はその自由権的基本権を享受して，自由に生活することになる。

4 民法（民法の基本的な機能と構成）

　国家対国民という関係を規律する法に対して，自由権的基本権を保障された
人々が自由な生活を営む際の，私的な生活関係を規律する法が民法である。言
い換えれば，自由権的基本権を保障された人々が自由な生活を営む社会が近代
民法の対象とされる社会である。その際に必要なことは，個人の尊厳を守ると
いうことである（民2条）。

　そのためには前述のように自己の生存を他人から干渉されずに独立して営む
ことができる（自活）ということが必要である（個人が独立して生きていけなけ
れば個人の尊厳はない）。この法的なシステムが民法である。

　具体的にはまず，私権の享有は出生に始まる（民3条1項）という民法の財
産法の世界である。すなわち，すべての人は権利能力を持ち，等しく権利義務
の主体となれるのである。この権利能力がないと，権利の主体になれずに，物
と同じように他人の権利の客体にしかなれないことになる（物と同じ状態の人
となる）。

　このように権利の主体として，私有財産を保有して（私有財産制度…物権・
民175条以下，債権・民法第3編，後の時代では知的財産権もここに入る。また，広
義の意味での私有財産という場合には労働力も後述するように含む），自己の意思
で私有財産を使用し，また，利用する取引をして（法律行為自由の原則…民法第
1編第5章第2節 意思表示，同第2章第3節 行為能力），独立して生きていくの
である。これが民法の財産法（民法第1編から第3編を財産法という）の世界で
ある。

　しかし，生まれてきたすべての人といっても，新生児が1人で，自分の意思
で，自分の財産で，独立して生きていくことはできない。そこで，このような
財産法の世界が現実化するためには，新生児が自分の意思で生きていけるまで
誰かが養育しなければならない。

　また，すべての人が出生と同時に財産を持っているわけではない。親族法の
世界で親の監護養育を受けて，人は成長し労働力を有するようになる。この労
働力をもって，人は報酬を得たり，賃金を得て，そして，その賃金等による貨
幣で生きていく上で必要な物を購入したり，サービスの提供を受けるのである。

　このように財産法の世界における私有財産には，広い意味では労働力も含ん

でいる。狭義の財産がない人も，自己の労働力をもって，労働の対価として報酬を得て生きていく社会（資本主義社会）が憲法・民法の世界である。

　このように民法は（福祉国家以前の近代国家において），新生児が自分の意思で生きていけるまでの養育義務を「親」に負わせることにした。そこで誰が「親」かを明らかにするために民法は法律婚を定め（民法第4編第2章　婚姻，同居・協力・扶助義務・民752条，婚姻費用・760条，日常家事債務・761条），その夫婦の下に生まれた子供を嫡出子としている（親子…民法第4編第3章　親子，嫡出の推定・民772条，親権・818条以下）。そして，その親には監護養育義務を課しているのである（民820条）。

　このようにすべての人が独立して生きていくという民法の財産法の世界は，民法の親族法（民法第4編　親族を親族法という）によって現実化するのである。

　以上のように人々が私有財産を自由に使用収益処分することで，自己の生存を維持するというのが，民法の財産法の世界である。そして，そのことが個人の経済活動ともなる。この個人の経済活動には，個別的1回限りの取引というものもあるが，他方では，反復継続的な取引というものもある。この反復継続的な取引を行うことを事業（前述のように商法では営業という語が使われる）という。この反復継続的な取引を行う主体が企業である（私有財産の活動としての企業）。

　また，民法の財産法の世界が，現実に社会の規範として機能するには，自己の財産が労働力しかない人が，働いて，その対価として賃金や報酬を得て，必要な物資を購入できるようにする必要がある。この人々に働く場を提供し，人々の生活に必要な商品やサービスを提供する存在に前述のように企業がある。その意味で企業は，近代市民社会にとって欠かすことができない存在であり，このような企業の設立とその活動を保障することが必要不可欠である（最広義の企業法の意義）（後記本章第6節6参照）。

5　民事訴訟法（民事執行法も含む広義の意義）

　自力救済が認められない近代市民社会では，民法や商法で認められている私権を実現するためには，国家の裁判を経なければならない。そこで，近代市民社会では権利の実現を図る裁判手続を定めなければならない。これが広義の民事訴訟法である。

6　企業法としての商法・会社法

　民法の財産法の世界が，現実に社会の規範として機能する社会は，どのような社会だろうか。労働力しかない人が生活に必要な物資を購入したり，サービスを利用するためには，支払う貨幣が必要である。その貨幣を得るためには，自己の財産が労働力しかない人は，働いて，その対価として賃金や報酬を得る必要がある。すなわち，そのような働く場がなければならない（居住・移転の自由，職業選択の自由・憲22条1項）。また，人々が生きていく上で必要な食料や商品・サービスを供給する企業・生産者が必要である。このように，人々に働く場を提供し，人々の生活に必要な物資やサービスを提供する存在がなければ，民法の世界も成立しない。前述したようにこの人々に働く場を提供し，人々の生活に必要な商品やサービスを提供する企業は，近代市民社会にとって欠かすことができない存在である。そこで，このような企業の設立とその活動が保障されている（憲法における営業の自由…憲法22条の職業選択の自由は営業の自由を当然に含むものと解釈されている）。

　そのような企業の設立や活動を法的に保障している法が，実質的意義の商法であり会社法であり，すなわち，最狭義の企業法である。

　商法は，このような企業を商人（固有の商人・4条1項。擬制商人・4条2項）といい，一定の保護と規制を行っている。たとえば，商人の組織を登記することによって広く社会に公示できる制度としての商業登記制度であり（8条以下），商人の名前（商号）に対する信用を保護する商号制度であり（11条以下），取引の安全を図る商業使用人制度である（20条以下）。

　また，会社形態を利用して企業活動を営むことを保障しているのが会社法である。会社法では，商法と同じように，会社に関する会社の商号（会社6条以下），会社の使用人に関する法を定め（会社10条以下），商業登記に関する規定（会社法第7編第4章）をおいている。

　以上，歴史的にはきわめて論理的に構築された六法体制であるが，そもそも各法は，それぞれ独自の対象である社会生活について，独自の価値判断の基準となっているから，別個の法として制定されている（もし，そうでないならば，別個の法として制定しないで，一つの法の中の条文のちがいとして規定すれば足りることになる。各条文のちがいではなく，独立した法として規定されているのは，それぞれ対象としている社会と価値判断の基準が異なるからである）。言い換えれ

ば，法はその価値判断としての独自性と特異性をもって分けられているともいえる。

第3節　経済法・社会法・消費者法の登場

1　経済法

　上記のような市民社会は，企業の存在が社会の中で大きくなってくると，自由放任による「見えざる手」の調和によっては，必ずしも社会正義が維持されるものではなくなってくる。すなわち，市場の自動調整機能が十分に働かない社会である。とりわけ市場の独占的利益を享受する企業が登場すると，公正な競争を確保するためには国家が積極的に市場に介入することが必要とされるようになった。

　このように現代社会に移行する中で，国家が国民経済に直接介入するには法律的根拠が必要である（法治行政）。そこで従来の六法以外の法が登場することとなった。それが経済法であり，社会法である。なお，経済法や社会法は講学上の呼称であり，日本において経済法という名称の法律や社会法という法律が存在するものではない。

　経済法とは，国民経済の立場から，国家が市場経済に介入し，規制するための法の総称であるが，その範囲は見解が分かれている。経済私法として商法や会社法なども含むとする見解もあるが，ここではそのような経済私法を除いて，いわゆる経済行政法といわれる独占禁止法や各種の業法等に限定している。

2　社会法

　社会法は，社会権的基本権の登場（憲27条・28条等）以降の，人間の実質的平等や社会的調和の達成を目的とする法の総称を意味する。経済法と同じく社会法という名の法律があるわけではない。具体的には，従来の近代市民法がすべての人間を抽象的に平等な市民として捉えてきたのに対して，社会法は人間を一定の階級・階層や集団に属する具体的な人間として捉え，特に国家が人間の尊厳に値する生活の保障を積極的に配慮すべきということを重視する法である。すなわち，そこでは形式的平等にかわって実質的衡量に基づく平等が，そして抽象的な市民にかわって具体的な社会人が，登場する。

　このように社会法は，高度に発展した資本主義社会の中で，人間の生存を確

保することを基本的な価値としてきた法の総称であり，労働法や社会保障法などが含まれる。その中でも，労働法と総称されている法規範は，企業と労働者の関係を律する規範であり，最広義の企業法体系にとっても重要な一部を構成している。

3　消費者法

　さらに，国家の積極的な役割が求められた分野に消費者保護という分野がある。すなわち，民法が対象にしている対等な当事者間の取引と，企業対「人」（消費者）の取引では異なる様相がある。すなわち，企業と消費者との間では，その契約内容の決定権，その契約の意味するところの理解力，取引されている商品・サービスの知識等において対等とはいえない差がある。消費者に対して企業は，商品知識や法的能力において優位に立っている。この優位性を背景に企業にとって有利な契約が結ばれることが生じてくる。このような中で，国家が消費者を保護するために積極的に介入をしていく必要が生じる。そのための立法が消費者法である。

　この消費者法という分野も，国家が積極的に私人間の取引などに介入する根拠となる法分野である。ここでは消費者基本法（昭和43〔1968〕年に制定された消費者保護基本法を大幅に改正して，平成16〔2004〕年に制定された），消費者契約法，特定商取引法等をまとめて消費者法という。

第3章
企業形態と法

第1節　私的所有の論理と法的な企業形態

　企業形態は本来ならば，憲法で保障された営業の自由ということから，企業を創業する出資者が自由に企業組織をつくれるはずである。しかし，実際は，企業形態については，法がいくつかの形態を法定している。特に後述するように，会社形態に関しては会社法が強行法規として会社形態を法定している。そこで会社企業を興したい者は，会社法が認めている会社形態の中から，自己の要望に一番近い形態を選択しなければならない（会社企業形態については，後記**本編第4章**，特にその**第5節**参照）。

　このような法の規制は，企業が反復継続的取引をする主体であり，多くの利害関係者を生じる主体であり，そして社会的存在としての大きさということ等から生じる規制である。すなわち，もし，企業形態が千差万別ならば，企業と取引をする者は，いちいち相手方である企業形態を調べなければ取引できない。とするならば迅速な企業取引が成立しない。そこで，企業形態は法的に分類され，それぞれ程度は異なるも法的に企業組織形態が定められているといえる。企業と取引をする相手方からすれば，自己の取引の相手方である企業組織形態がどのようなものであるのかわかれば，法的な組織形態については調査する必要はないということになる（実態の調査は別である）。

第2節　私企業・公企業・第三セクター

　この法的な企業形態は，私企業，公企業，第三セクター（公私の合弁企業）などに分けられるが，現在ではパブリック・ベネフィット・コーポレーションや非営利会社などが話題になっている。

　私企業は，主として個人企業形態，組合企業形態，および会社形態に分けられる。会社形態は株式会社と持分会社に分かれ，後者はさらに合名会社，合資

会社，合同会社に分けられる（会社2条1号・575条。本編第4章参照）。このほか，保険業に特有の相互会社（保険業法によって認められている特有の会社，保険業2条5項・5条の2・18条）や，商法や有限会社法等の改正・廃止に伴う過渡的存在としての特例有限会社（株式会社とみなされる。会社整備2条）等がある。

　公企業は，国や地方公共団体が所有・経営する企業であり，それにも行政組織の中に組み込まれている政府直轄事業を営むものや（林野庁の国有林事業），独立した法人格を有する企業（独立行政法人国立印刷局など）もある。公企業には，このように公法上の形態をとるもののほか，私企業と同一の形態をとるものがある（特別法により名称，目的，営業活動の範囲が定められ設立された会社である特殊会社なども含めて）。

第3節　個人企業・共同企業（組合企業・会社企業）

　たとえば，今，店舗を開業したい人がいる。その考えている店舗の開業資金には100万円（店舗の賃料30万円，備品30万円，商品の仕入れ30万円，その他の雑費10万円）が必要である。しかし，今自分の手元には50万円しかない。このように自己資金で足りない事業を行う方法として，①足りない資金を集める方法と，②資金を集めないでする方法が考えられる。

　①の資金を集める方法にも，㋐借入金による方法と，㋑共同出資者を集める方法がある。この共同出資者を集める方法にも，組合（民法・有限責任事業組合法）による方法と，次章で詳述する会社形態を利用する方法とがある。この会社形態を定める会社法では，持分会社（合名会社・合資会社・合同会社）と，株式会社が認められている。

　自己資金を超えた企業を興す場合に，不足する資金を借入金という形で資本を集めると，当初の見込み通りの利益が得られないときでも，一定の約定利率に従い利息の支払義務があり，一定の期日に元本を返済しなければならない。これでは企業にとって資金が硬直化している。それに対して共同出資という形で資金を集めると，企業に利益があれば配当するし，その配当率も利益に鑑みて判断すればよい。また，一定期日に借入金返済ということもない。いわば共同出資という資金調達は，企業にとって資金の弾力性に富んでいるという長所がある。

　しかし，借入金であれば資金の拠出者は債権者であるから，債務者である企業の経営に参加することはない（債権者は債務者の意思決定を拘束できない。間接強制や債務不履行の損害賠償などを請求できるだけである）。共同出資であると，企業の共同出資者として会社の意思決定に参加し，原則として共同で行うことになる。なぜならば，個人企業が，その個人企業をつくった出資者のものであるということは否定されないであろう（企業の所有者）。その出資者が複数いる共同企業では，その共同企業は，その共同出資者全員のものである。たとえば，株式会社は株主が共同出資して設立した企業であり，株式会社はその共同出資者である株主のものである（株式会社の実質的所有者としての株主）。

　また，以上の共同企業には資金を集めるということのほか，各出資者の経営力などの労力を結合するという意義があるものもある。

　②の資金を集めないでする方法とは，たとえば，前述の店舗・備品・商品等，店舗開設に必要なものの購入を信用取引でする方法である。すなわち，代金後払い（たとえば，先の店舗，備品，商品等の仕入れを代金後払いで購入して，店舗を開業後の毎月の売上げから支払っていくという方法）である。このような代金後払いが行えれば，資金もなしで店舗を開業できることになる。しかし，そのような信用取引には，通常，担保が必要とされる。その担保制度として発達したものに民法の担保制度があり，また信用の用具として発達した近代的約束手形がある。

第4節　組合企業

　このように企業を興すに際して，共同企業形態を選択するとしても，組合企業か，会社企業かという選択肢がある。

　組合企業という形態は，出資者相互の一緒に組合をつくろうという合意によって組織される。たとえば，ABCの3人が組合企業を設立するときにはABCの合意が必要であるが，その合意は，AとBとの間で組合をつくるという同意が必要であり，同じようにAとCとの間でも，BとCとの間でも同様の同意が必要である。この結果，出資者が多くなると組合内部の組合員相互の契約が多くなり，内部的な法律関係が複雑になる。

　このような相互の組合契約によって成立する団体が組合である。このような組合契約によって成立する組合にあっては，組合の行った取引の効果は組合員

全員に帰属する（組合には権利能力がない）。その結果，組合員が多くなると対外的な法律関係もその組合員の数だけ多くなる。

　この組合がさらに増資のために出資者Dを加入させるということになると，先ほどの組合契約に，さらにAとD，BとD，CとDとの，それぞれの契約が必要である。このような組合の法律関係では，多くの出資者を集めると，法律関係が複雑になるだけである。

　とすると，このような民法上の組合は，一定数以上の出資者を集める企業形態には向いていない。少人数の出資者による企業形態向きである。

　そこで，より出資者を集めて共同企業を作ることを可能にしたのが会社企業形態である。

コラム2

有限責任事業組合法

　有限責任事業組合は，操業を促し，企業同士のジョイント・ベンチャーや専門的な能力を持つ人材の共同事業を振興するために制定された有限責任事業組合法（2005年8月施行）で認められた企業形態である。組合といっても，民法の組合と異なり，出資者全員が有限責任であり，組合内部では組合員の出資額の多寡にとらわれることなく，利益の分配や権限などを自由に決めてよいというように，自治が広く認められる。そこで，出資金額は少なくとも，能力，技術，専門知識などで貢献する出資者には，出資比率ではなく自由な割合で利益の分配をすることができる。このように出資者の権限なども自由に決定できる。課税は組合に対してではなく，利益の分配があった場合に構成員に課税される。しかし，任意組合と異なり，業務範囲に一定の制限がある。

　合同会社と異なる点は，法人格を有しない点，組合員が1人となることが認められない点，法人税課税の対象とならない点である。

第4章

会社企業形態

第1節　はじめに

　会社企業形態は，組合企業の内部的法律関係や対外的な法律関係の複雑さを乗り越えるものとして認められた企業形態である。すなわち，組合企業より多数の出資者を集めても，内部的な法律関係が複雑にならない（出資者は会社という団体の構成員〔社員〕としての地位を有し，会社内部の法律関係は，会社対社員というように社員の数だけの法律関係となる）。また企業に法人格を認めているので（会社3条），会社の対外的な法律行為の効果は会社に帰属する。このように組合企業より出資者が増えても，対内的法律関係と対外的な法律関係が簡易な形となっていることによって，組合企業よりも出資者が増えることを可能にしたのが会社企業である。

第2節　持分会社（合名会社・合資会社・合同会社）

1　合名会社

　会社形態にも，合名会社のように出資者全員が原則として会社経営に参加し（会社590条1項），会社債務についても全員が直接連帯無限責任を負う（会社576条2項・580条1項柱書）形態もある。このような合名会社では出資者を増やすのに次のような限界がある。すなわち，出資者全員が経営に参加するということから，人数を増やせないという限界である（迅速な経営の意思決定は少数の者に限る）。それでは共同出資者の中から特定の少数の者に経営を委ねるとすると（会社591条1項），経営を委ねられた者の経営の失敗による会社の債務について，経営を委ねた出資者も無限責任を負わされる。その債務がいかに巨額であっても責任を負う直接連帯無限責任である。とすると，合名会社で特定の出資者に経営を委ねるということを選択することは，よほどの信頼関係がある者の間でしか行えないということになる。よって，合名会社は通常では強い人

的信頼関係で結ばれた少数の出資者によって成立している会社となる。

2　合資会社

　そこで，合名会社より出資者を増やすことができる会社形態として認められたのが合資会社である。合資会社は無限責任社員と会社の債務についてその出資額を限度とする責任を負う有限責任社員から構成される企業である（会社576条3項・580条2項）。この有限責任社員という形で合名会社より出資者を増やすことができる会社形態が，合資会社である[1]。

3　合同会社

　会社法の制定時に，新たに認められた持分会社形態に合同会社がある。

　合同会社は，すべての社員が株式会社の株主と同じく会社の債務について出資を限度とする有限責任を負う（会社576条4項・580条2項，なお，社員になろうとする者は，原則として，定款の作成後，合同会社の設立の登記をする時までに，その出資に係る金銭の全額を払い込み，またはその出資に係る金銭以外の財産の全部を給付しなければならない・会社578条。間接有限責任である）。

　会社の内部関係（社員相互間および会社・社員間の法律関係）については原則として定款自治が認められている。すなわち，業務執行は原則として全社員が行う（会社590条1項）。ただし，定款の定めによって業務を執行する社員を（さらにその中で会社を代表する社員を）定めることもできる（会社591条1項）。

　利益の分配も，定款で自由に定めることができる（会社621条2項）。

　しかし，定款の作成・変更には総社員の一致を要する（会社575条・637条）（株式会社の場合，非公開会社でも株主総会の特別決議で定款を変更できる・会社309条2項11号）。社員の持分の譲渡，新たな社員の加入も他の社員の全員の承諾・総社員の同意を必要とする（会社585条・604条2項）。社員の出資の払戻しも，退社に伴う持分の払戻しも規制される（会社632条）。持分会社は持分の全部または一部を譲り受けることができず，取得した場合には，持分は消滅する（会社587条）。

---

1)　平成17（2005）年改正前商法（会社法制定前）では，有限責任社員は会社の代表社員になれなかった。それに対して，会社法では，有限責任社員であっても，合資会社の社員は業務執行権限・代表権限を有するのが原則となった（会社590条1項・599条1項本文）。

　なお，合同会社には，任意清算が認められない（会社668条1項。合名・合資会社と異なり無限責任社員がいないため債権者保護手続が必要となるため）。

　このように合同会社は，新規設立が認められなくなった有限会社に代わって，小規模事業の法人化に利用されることの多い会社形態といえる。会社法の施行によって最低資本金制度が撤廃され，株式会社形態にも小規模の会社が認められたが，機関構成の点で合同会社の方が自由な形がとれる。

　以上，持分会社では，各社員の持分はひとつ（持分単一主義）である。そして，出資した者を社員という。そして持分会社では社員が経営を担う（所有と経営は未分離）。また，持分会社は社員間の人的信頼関係が基本となっているので，これを人的会社ともいう（株式会社は物的会社といわれた）。この社員間の人的信頼関係を保護するために，前述のように持分の譲渡は他の社員の全員の承諾が必要とされている（会社585条1項・2項）。

　このように人的信頼関係を前提としている持分会社（とりわけ合名会社や合資会社）では出資者を集める際に，人的信頼関係がある者に限定されるという限界がある。

第3節　株式会社

　もともと株式会社は，合名会社や合資会社より，より多くの出資者から出資を募って巨額の資金を集められる会社形態として考えられたものである[2]。そして，そのような論理は会社法制定以前の旧商法第2編に規定されていた会社法において，会社形態を分けていた考え方でもあった。

　すなわち，巨額の資本を集めるためには，広く社会に散在し，活用されていない資金（遊休資本といわれている）を集めることが必要である。それを集めるシステムのひとつが，銀行制度である。しかし，銀行が集めた資金を企業が借り入れると借入金（他人資本）となる。借入金での資金調達は，前述のように，企業にとって資金が硬直化するという問題点がある。そこで企業自体が直接社会に散在している遊休資本（資金）を集めるシステムとして発達したのが株式会社制度である。

　株式会社は大勢の出資者を集めても，その出資比率を簡易化するために考案

　2）　大塚久雄『大塚久雄著作集第1巻　株式会社発生史論』（岩波書店，1969年）参照。

された株式制度を利用して資金調達をする企業形態である。すなわち，株式会社は，1株いくらという形で出資を募り，出資者である株主は出資額に応じて複数の株式を取得することになる。そこで，この株主の共同所有の比率は，その保有する株式数で表される。

　出資者はこの株式を何株取得するという形で出資を行っているので，出資者を株式の所有者という意味で株主という。

　そして，この株式の内容は原則として均一であることから，1株当たりの株主の権利は平等である（株式平等の原則）。たとえば，株式会社では，株主による会社の意思決定は，株主総会という会議体を構成して行うことが義務づけられているが（会社295条），その株主総会では，株主はその有する株式数に応じた議決権を持つ（一株一議決権の原則）。また，会社からの剰余金の配当についても，原則として，その有する株式数に応じた配当（1株につき何円という形で）を受ける。そこで株式とは，会社所有者としての地位を細分化した割合的単位で示したものといわれる。

　また，多くの人に出資してもらえるようにするためには，一時的に遊んでいる資金でも出資することができるようにする必要がある。そこで，出資者には出資した財産以上の責任が生じないようにした。すなわち，会社の債務については，出資者である株主は，その出資した財産を限度とする有限責任しか負わないとした（会社104条）。そのような大勢の有限責任しか負わない出資者から成り立つ株式会社では，会社債権者が直接株主の有限責任を追及することは事実上困難である（手間と費用がかかる）。そこで直接株主に請求しないですむように，株主にはその有限責任額である出資額を株式を取得する際に全額払い込ませることにした（全額払込制度・会社34条・63条・208条）。この全額払込制度で会社債権者は会社に出資された財産などから成り立つ会社財産に取り立てれば足りるようになった。

　このように株主は株主になる前に会社に有限責任分（出資額）を全額払い込んでいるので，株主となった後は会社債務について責任を負うことはない（間接有限責任制度という）。

　また，そのように一時的な遊休資本を出資している株主もいることから，株主には必要なときに必要な分だけの株式を換金処分する（第三者に売却する）こともできる（株式譲渡自由の原則）ようにした。

　このように株式会社では株式制度を利用して出資を募るが，その株式の単位，

言い換えれば，その1株当たりの出資額をいくらとするかが問題である。株主
1人当たりにかかる会社の費用や手間を考えれば，なるべく単位（1株当たり
の出資額）は大きな方がよい。しかし，多くの出資者を集めるためには，細分
化した方がよいという場合もある。その兼ね合いで，1株当たりの出資額が決
められることになる（出資後にも，単位を引き下げる株式の分割や，その反対に単
位を引き上げる株式併合などが行われることがある）。

　このような多数の出資者を集める株式会社で，必ずしも経営能力を有しない
者も出資できるようにするために，また，大勢の出資者を予定することからも，
会社の経営を少数の専門家に委ねる必要がある。ここに経営の専門家である取
締役に経営を委ねる取締役制度が生まれた（会社326条1項，株式会社の絶対的
必要機関は株主総会と取締役である）。このように株式会社の経営は，株主の多
数決で任期ごとに選ばれる取締役に委ねられる。これを実質的所有者である株
主ではなく，取締役として株主によって選任された取締役が経営を行うという
意味で，所有と経営の分離という。しかも，最も適任の経営者を任期ごとに取
締役として選任できるように，株主資格と取締役資格は強行法規的に分離され
ている（会社331条2項，ただし，公開会社でない会社はこの限りではない・同項但
書）。とすると，株式会社では出資者である株主相互に，人的信頼関係は必要
とされていないといえる（物的会社）。

　このように組合企業から会社企業へ，会社企業で合名会社から合資会社，そ
して株式会社へは，出資者の数的拡大に対応している形態であり，これが会社
法典制定以前の会社形態の意義であった。

コラム3

旧商法第2編における会社法と会社法典における会社法

　形式的意義の会社法は，従来は商法第2編の会社に関する規定を指してい
たが，「会社法」（平成17年法律第86号）が独立の法律として立法化された
（平成17〔2005〕年7月26日成立，平成18〔2006〕年5月1日施行，対
価柔軟化に関する規制は平成19〔2007〕年5月1日施行）。ここでは会社に
関する私法的規定を実効性のあるものとするために不可欠な訴訟法的規定，
非訟事件的規定，刑罰に関する規定を含んでいる（全979条）。その立法目的
は，社会経済情勢の変化にかんがみ，会社に関する法制について改正を行う

とともに，国民に理解しやすい法制とするため，これを現代表記によって一体のものとして再編成することにあった。ここでは会社を株式会社と持分会社（合名会社，合資会社，合同会社）に分け，それぞれに固有の規定を第2編「株式会社」，第3編「持分会社」にまとめて規定する一方で，すべての会社に共通する規定を総則に規定し，そして，さらに株式会社と持分会社共通の特定の問題，たとえば，第4編「社債」，第5編「組織変更，合併，会社分割，株式交換，株式移転及び株式交付」，第6編「外国会社」，第7編「雑則」については，まとめて規定している。

　また，旧商法時代と異なる大きな点は規制緩和である。会社法における規制緩和といった場合の方法として，①規制していた規定を削除する，②規制の要件を緩和する，③選択肢を拡大する，④定款自治を認める，等の方法がとられている。

　その中でも株式会社に関しては，従来の有限会社を株式会社に一本化し，会社設立に必要な1,000万円の最低資本金制度を撤廃し，株式会社に小規模の株式会社から大規模な株式会社まで多様な形態を認めた。

第4節　会社法典制定後の会社法の視点

　平成17年制定の会社法典における株式会社は，従来の資本集中の制度としての株式会社ということはできない。それは，1人による1円出資でも株式会社を設立できることに端的に表れている。その意味では，会社法制定以前のように株式会社と各種会社形態が出資者の数の多寡に対応しているとはいえないのである。すなわち，出資者の数的拡大という形での資金調達という視点から会社形態は分けられていない（前述のように，会社法典以前は，最低資本金について，有限会社は300万円以上，株式会社は1,000万円以上と定められ，大小の区分が合名会社・合資会社・有限会社・株式会社にあった）。

　会社法では取締役は1人でもよい（従来は，大規模な資本を集める株式会社として，経営を行う取締役は3人以上として，しかも，合議体である取締役会を必須の機関として定めて，経営にあたらせることとしていた）。会社法では，1人で1円でも株式会社を設立することができるようにしたので，必ずしも3人以上の取締役会を必置の機関としないで，選択できるようにしたのである（会社326条1項・2項）。

　このように会社法における各種会社形態の区分は，従来のような資本集中の制度として，各種会社形態を区分していない。現行法の会社区分の考え方は，起業する者が，いろいろな会社形態から自己の望ましい形態を選択できるようにすることである。そして，その際には，会社形態は規模の大小や出資者の数では区分されていないということである。

　一方では，持分会社についても，大きな変更点がある。それは旧商法時代の会社法では，自己の意思決定に関しては無限の責任を負うべきであるとして（個人責任の原則），会社経営についても無限責任を負う者（無限責任社員）が経営をすべきであるとして，有限責任社員には経営権が認められていなかった。すなわち，有限責任社員は会社の代表社員になれなかった。しかし，現在の会社法では合資会社の代表社員は定款で定めたり，定款で定めた方法で決定されたり，定款により業務執行社員の互選によって定められる（会社591条1項）。すなわち，有限責任社員でも経営を行うことができるようになった。従来のように，無限責任社員の人的な信用によって会社経営が担保されるのではない。その点において，人的会社という要素も希薄化しているといえる。

　このように会社法は，多様な会社形態を選択肢として提供して，起業する人に，それぞれの事情に応じた適切な会社形態を選択できるようにしている。その中でも株式会社に関していえば，個人企業的な株式会社から巨大な資本の株式会社までが認められ，しかも，規制緩和の会社法として，定款自治の範囲を広げて，選択肢も多様化し，それぞれの事情に応じた株式会社形態が認められている。

　そのような会社形態の中でも，株式会社と持分会社を分ける基本的な視点は，以下の各点にある。まず，㋐持分会社はそれぞれの出資者が出資した割合に応じた一つの持分を持つのに対して（持分単一主義），株式会社では細分化された割合的単位としての均一の株式（株式平等の原則）により，出資額に応じて複数の株式を持つ持分複数主義を採用している，㋑持分会社は会社経営を出資者である社員が行うが，株式会社では取締役という経営の専門家が行う取締役制度（所有と経営の分離）が採用されている，㋒持分会社では出資者である社員による社員総会は法定されていないが，株式会社では出資者（株主）による会社の最高の意思決定機関である会議体（株主総会）が法定されている。

第5節　強行法規としての会社形態

　憲法で保障された職業選択の自由によって，営業の自由が保障されている。そのような営業の自由からいえば，どのような企業組織をつくるのも自由であるはずである。しかし，現行法では会社形態としての企業組織形態は法定されている。それはなぜであろうか。

　会社企業と取引をする相手方からいえば，誰と取引をすればその会社企業との取引として法律的に有効に成立するのか，その取引について誰がどのような責任を負ってくれるのか，等ということが問題となる。その場合に個々の会社企業ごとに異なるというのでは，取引をする者からいえば，相手方会社企業の調査に手間がかかりすぎる。そこで会社企業組織形態を法定して，この形態の会社企業組織とは誰と取引すればよいのか，その責任はどうなっているのか等を，法的に定めておけば，取引相手の会社企業の組織形態さえ知れば，その点の調査なしで（実態の調査は別である），取引を迅速に行うことができる。

　そこで，会社法は会社企業組織の形態を強行法規として定め，それぞれの会社形態には，その会社形態ごとの名称を付けることになっている（会社法6条は1項において，会社はその商号中に会社の種類に従い，その種類を表示しなければならないと定め，2項において，他の種類と誤認されるおそれのある文字を用いてはならないと定めている）。よって，会社企業と取引をする者からは，自己の取引の相手方である会社企業の形態がその名称からわかるようになっている。

　しかし，強行法規としての会社形態でも，起業をする人に，できるだけその要望に応えられるように，企業形態の選択の多様性を認める必要がある。そこで，会社法はそのような企業形態の多様性という要望に応えられるように，企業形態として合名会社から株式会社までの形態を認めている。また，株式会社形態においても，前述のように最低資本金制度を廃止し，機関構成を多様化し，さらに定款自治を拡大し，その多様性を認めている。

第5章

企業の在り方

第1節　企業の在り方

　このように重要な役割を担っている企業の在り方や企業活動の在り方をどう考えていくべきかは，私たちの生活にかかわる大きな問題である。その企業の在り方や企業活動の在り方を規律する法を広くここでは企業法としている。このように企業の在り方や企業活動を規律するのは何も法律だけではない。そこには企業を取り巻く企業文化や社会環境・歴史などもかかわってくる。これらの要素は企業の現実の行為を規律してくる効果を持っている（ソフト・ロー）。

　また，このように社会の一員である企業の在り方は，人々の生活に大きな影響を及ぼす。そこで単に自由な企業活動を保障するというだけではなく，その社会的責任を確保することも重要である（第二次的な役割）。このような役割は私法としての企業法だけで対応することは不十分である。そこで現代では，独占禁止法をはじめとする経済法や，労働法等の社会法の果たす役割も大きなものがある。

第2節　私的所有の論理とその制限

1　私的所有の論理と会社法の機能

　会社法は私人対私人の利益を調整する私法のひとつである。それでは私法としての会社法において利益衡量される私的な利益として取り上げられている利益にはどのようなものがあり，どのように利益調整がされているのであろうか。

　まず会社法において利益調整される主たる利益は，私的所有という利益である。会社法は自己の私有財産を投資して会社を設立し，経営して，会社組織の拡大・変更などをし，そして解散するまでの自由を保障することを第一次的機能としている。すなわち，会社を自己の所有物として設立し，運営することを保障しているのが，憲法の営業の自由に由来する会社法の第一次的機能である。

　この会社法の私的所有の論理が，設立から解散までの場において，いくつかの私的な利益と衝突するときに，その私的利益間の利益を調整するのが私法である会社法の第二次的な機能である。私的所有の論理による自由が制限されているということは，会社法が会社形態を強行法規として定めている点にも現れている（前記本編第4章第5節参照）。

　このまさに縦糸ともいうべき私的所有の論理と衝突する，いわば横糸としての私的利益として，会社法がどのような利益を取り上げているかによって，私的利益調整法としての会社法の色合いが異なることになる。

　このように私法としての会社法で考慮されるのは私的利益に限られ，経済法的な視点は，直接的には会社法では私的な利益としては含められない。

2　所有と経営の分離

　会社法では私的所有の論理が株式会社において貫徹しているといわれるが，他方では所有と経営の分離ということがいわれている。たとえば，A.A.バーリー＝G.C.ミーンズは，当時のアメリカの巨大企業の株式は，非常に多くの株主に分散しており，その会社経営は株式をほとんど所有していない株主や，株式を所有していない専門的な経営者によって担われていると指摘している[1]。また，その経営者による企業支配が企業の不正行為の背景にあるとされている。そこで，その経営者支配の実態を調査している。

　ただ，現在では米国において，エリサ法（ERISA: Employee Retivement Income Security Act）の制定，機関投資家など「物言う株主」の登場によって様相は変わってきている。多くの国においても，経営者支配に対するガバナンスとして後述するように多様なシステムが働きつつある。また，最近では，後述するように，種々のソフト・ローによる制約も出てきている（コーポレートガバナンス・コード，スチュワードシップ・コード，CSR，ESG，SDGs等。CSRについては，本編第6章第4節を，その他は，本編第7章を参照）。

3　会社法における利益衡量

　私法である会社法において，私的所有の論理と利益衡量される私的利益としては，まずは，共同所有者（持分会社の社員や株式会社の株主）の利益，債権者

　1）　A.A.バーリー＝G.C.ミーンズ著・北島忠夫訳『近代株式会社と私有財産』（文雅堂書店，1958年）参照。

の利益，取引の相手方の利益等があげられる。まさに，古典的な私的利益の調整である。

　それに対して，現在は，企業の社会的在り方自体が問われるという形で，私的所有の論理との利益調整が問題となるものが提起されている。すなわち，①企業自体の思想，②企業の民主化…労働者の経営参加，③企業の社会的責任，④コーポレートガバナンス論，⑤コンプライアンス論，⑥ESGやSDGsといったものである。これらは企業経営の在り方自体を問うという形で，私的所有の利益との調整が問題とされている。そして，そのような問題提起から具体的な会社法の法規の改正等に及ぶこともある。ただ，これらの多くはソフト・ローとして企業の行動を規制していくものとなっている。

第6章
企業の在り方をめぐるものの考え方

第1節　はじめに

　企業の在り方をめぐる議論を紹介するが，その議論は時代の変遷の中で現在ではあまり議論されていないものもある。しかし，企業の社会的責任論やコーポレートガバナンス論など，現在までその内容は変遷しつつも大きな役割を果たしているものもある。

　このように時代ごとに企業自体の在り方を問うという問題が提起されているが，その背景には，企業という存在自体が，「人」とは異なるという点があるからである。そこでは，民法の「人」と「企業」の相違，社会の構成員としての「人」と「企業」の相違が問題とされている。

　まず，最広義の企業法で述べたように，憲法以下の法秩序において企業の営業の自由は私有財産制度が発展したものである（前記本編第2章参照）。そこには私的所有の論理が貫徹する。また，前述の個人企業から株式会社へという株式会社発生史（論）に従えば，そこにおける企業の論理の基礎は私的所有権である（前記本編第4章第1節〜第3節参照）。

　この私的所有の論理によれば，たとえば，株式会社において実質的所有者である株主から経営を委任された取締役（経営者）が守るべき（忠実義務でいう「遵守する」，会社355条）法令も，株主の利益を守る法令に限定されることになるであろう[1]。また，会社の活動の範囲を画する会社の権利能力の範囲（会社に権利義務が帰属する会社の事業の範囲）は出資者である株主・社員等の出資目的の範囲内であるべきだということになる。なぜならば，出資者はそのような出資目的ならば良い投資と考えて出資したのであり，出資した資金をもって営む事業は，その出資目的の範囲に限定されるべきだということになるからである。そこで出資目的として記載されている「定款の目的」の範囲が会社の権利

　1）　野村證券損失補塡事件（控訴審判決・東京高判平成7年9月26日民集54巻6号1812頁，最判平成12年7月7日民集54巻6号1767頁）参照。

能力の範囲であり，その範囲内に会社の活動は限定されるということになる（会社の権利能力の範囲を一般的な営利目的とする見解もあるなど，学説は対立している）。

　しかし，企業を単に私的所有の対象として，出資者（企業の所有者）が自由に使用収益処分できるものと考えることはできない[2]。企業が社会的存在であることを考えると，単に誰かが私的所有するものとして，自由に使用収益処分させることはできない。企業維持の必要性が社会的にあると考えられる。

　また，企業は，その社会的存在感の大きさから，個人とは異なる倫理・行動準則などが必要となる存在である。ESGやSDGsなどで問題にされているのは，その企業の社会的な存在の大きさから来る影響の大きさであろう（後記**本編第7章**参照）。それはまた，社会の構成員として「人」と同じような政治行動を「企業」に認めることはできないというような問題にもなる[3]。

　それは企業の不法行為責任にも現れる。すなわち，「人」の行動については過失責任を原則とし，無過失的な損害は被害者が負担するということが，社会的にお互い様であるとして許容されている。しかし，「企業」から受ける個人の損害を，企業が無過失であるから無責にすることには，被害者は納得しないであろう。なぜならば，「人」と「企業」との間には，お互い様の関係が存在しない場合があるからである（たとえば，企業の公害と地域住民との関係など）。

第2節　企業自体の思想

　個人企業から株式会社まで，前述のように私的所有の論理が貫かれてきた企業法の論理に対して，色々と異なる見解が主張されてきた。

　まず第二次世界大戦につながるドイツなどにおいては，株主支配から経営者支配を指向する見解が，たとえば，ラテナウなどによる「企業自体の思想」という主張のように，展開された。ラテナウの主張は，「大企業は，現在では，

2）　最広義の企業法で述べたように（前記本編第2章第1節），公共の福祉論からくる企業の社会的責任論，また，民法における企業は資本主義社会では，「人」が生きていく上で必要な商品・サービスを提供する存在であり，また，「人」に働く場を提供して，賃金等を得させて生活を維持する糧を得させる場であるということに着目する社会的存在としての企業の社会的責任論がある。
3）　たとえば，民主主義社会における政治資金規正法に現れているように，政治活動の資金力によって民意が歪められることは避けなければならない。企業に個人と同じ政治活動を認めることは，民意の形成において資金力の差を反映させるおそれがある。

もはや単なる私的利益の組織ではなくて，国民経済的な，全体に所属する一つのファクターである。なるほど，その起源からして，それは，純粋の営利企業としての私法的特徴をなお有してはいるが，他方において，それは，いまではますます公的利益に奉仕するものとなったのであり，かつそのことによって新たな存立の根拠を獲得したのである。全体経済的意味においての大企業の存続は可能であるが，純粋に私経済的な拘束へ逆戻りすることは考えられない」[4)]というものである。ただ，このような主張には全体主義的な思想につながっていったという批判がある。

第3節　共同決定法

　第二次世界大戦の後，株主支配という考え方に対して，企業の民主化という問題が提起された。具体的には労働者の経営参加という問題である。前述のように企業が出資者のものであるならば，企業経営は出資者によってなされるものであり，雇用契約の相手方に過ぎない労働者が経営に参加することはありえない（1936年のチャップリンのアメリカ映画「モダンタイムズ」が描いたように労働者は工場の機械の一部分として扱われる世界）。

　しかし，（西）ドイツにおいて，第一次世界大戦後の極度のインフレによって，ヒトラーの登場を許し，第二次世界大戦を引き起こしたことの反省に基づき，1951年，共同決定法が制定された。その後のいくつかの変遷を経て，1976年拡大共同決定法が施行されている。この法律は，具体的には2,000人以上の労働者がいる企業，協同組合に適用される。そこでは使用者側，被用者（労働者）側，それぞれ半数ずつの委員で構成される監査委員会が設けられる（定員は12人〜20人）。監査委員会は，経営方針，賃金，労働条件，規則，雇用等の協議事項を合意に達するまで討議し，労働協約という結果に達したら，1年〜2年間，ストライキは禁止される。また，監査委員会は執行役会構成員の選任・解任など会社の業務執行を監督する。

　その後のEU時代において，ドイツ法と統一市場であるEUの他の国の法律とでは，労働者の経営参加を認めるか否かで差がある。ただ，EUには各国の国

　4）　河本一郎「企業の社会的責任─法学的考察」ジュリスト578号106頁，112頁（1975年）。また，大隅健一郎「株式会社法における企業自体の思想」『会社法の諸問題〔新版〕』443頁（有信堂，1983年）も参照。

内法を統一する指令と，EU共通のEU法（例：欧州会社法）がある。この欧州
会社法にドイツの共同決定法と同様の従業員経営参加が取り込まれている。し
かし，2004年10月の欧州会社法の施行以来，欧州会社法に準拠する会社はわず
かにすぎないといわれている。

　さらに欧州では，英国はコーポレートガバナンス・コード（UK CGC。本編
第7章第2節2参照）を改め，利害関係者として従業員の声を経営に取り込む
ように求めた。このことは2019年1月以降に始まった決算期から適用されてい
る。

第4節　企業の社会的責任論

　米国における企業の社会的責任論（CSR：Corporate Social Responsibility）は，
法によって企業の活動を制限するものではなく，利益の追求を求める株主の利
益を超えて，社会的目的をも追求させることであるとされていた。具体的には，
バーリーとドッドの論争[5]以来，企業の社会的責任とは社会的な福祉を増進さ
せる企業の慈善寄付であるといえる[6]（前記**本編第5章第2節2**参照）。

　このように米国における企業の社会的責任論は，その伝統的な文化・宗教の
影響が見られる倫理的なものであった。それに対して，わが国の企業の社会的
責任論には，昭和47年から48年頃の商品の売り惜しみなどによる狂乱物価とい
う背景のもと，昭和49年の商法改正に際して，国会で企業の社会的責任を全う
することができるようすみやかに法律案を準備するように付帯決議された。す
なわち，わが国の企業の社会的責任論には，社会的な倫理に反した企業の利潤
追求活動を法的に規制していくとする側面があるといえるであろう。

　このように当時の日本では，企業の社会的責任論には，企業の社会への貢献
という側面より，企業の負の部分の規制という側面が強かった。また，企業の
積極的な社会貢献活動についてもすべてが是とされるわけではない。そこには

---

5)　前記第5章注1)参照。
6)　森田章『現代企業の社会的責任』（商事法務研究会，1978年）によれば，米国に
　　おいて，ドッドが1932年につぎのように主張している。すなわち，法がビジネスを許
　　容し奨励しているのは，ビジネスがその所有者の利潤の源泉であるからというより，
　　むしろその社会に対するサービスの源泉であるからである。すなわち，経営者は株主
　　に対してのみならず，従業員，消費者，一般公衆に対しても，受託者としての義務を
　　負っている。

慎重な経営判断が求められる。確かに，企業も社会の構成員として，社会の構成員ができることを一般的に行うことができると解される。ただ，企業を個人と同視できない分野や行動がある。たとえば，前述のように民主国家における政治活動，とりわけ政治献金などについては，個人としてはできるが，企業としては一定の制約があると考える（前記**本章第1節**参照）。そんなことを考えさせる事例がある。それは某ゼネコンの政治献金事件である（下記コラム4参照）。

　企業の社会的責任論は，たとえば，権利能力について，企業を社会の構成員であるとして，一定の社会的な責任を果たすための権利能力を認めるという論理を引き出している。また，社会的責任投資や，ESGといわれる最近の投資基準などは，スチュワードシップ・コードなどとともに，ソフト・ローを構成している。

　しかし，他方では，社会的責任論は，あくまでも企業の倫理問題であり，ソフト・ローともいえないとする見解もある。そうなると企業の社会的責任論は，多くの場合は企業を取り巻く企業文化の一部ということになる。そこにも世界標準の企業の社会的責任論と，国内標準の企業の社会的責任論があるということになろう。ソフト・ローの研究で，日本的な，アジア的なソフト・ローの研究が，世界標準の研究とともに必要とされていると考える。

コラム4

ゼネコン政治献金事件

　第一審判決（福井地判平成15年2月12日判時1814号151頁）は経営判断の合理性について（一般論として政治献金が可能として），会社の欠損が生じて以降の政治資金の寄附に関しては，3事業年度の継続という政治資金規正法の禁止要件に該当しないときであっても，会社においてその可否・範囲・数額・時期等につき厳格な審査を行い，欠損の解消にどの程度の影響があるか，株主への配当に優先して寄付を行う必要があるかを慎重に判断することが求められるのに，そのように慎重に判断することなく，その判断過程はずさんで取締役はその裁量を逸脱したといわざるを得ないなどとして，前社長への株主代表訴訟による賠償請求を認めた。

　控訴審（名古屋高判平成18年1月11日判時1937号143頁）では，同社の営業状況とそれらに伴い策定された経営革新計画等を仔細に検討した上で，

取締役は政治資金の寄附をなすにあたっては合理的な範囲において，その金額等を決すべきであり，この範囲を超えて不相応な寄附をした場合には取締役の会社に対する善管注意義務違反となるとするが，本件では，寄附額が政治資金規正法の制限額と比較して低額にとどまり，年々減額されていること，そして，国民政治協会がもとより適法な団体であることなどから，本件政治資金の寄附は合理的な範囲内にあるというべきであり，不相応な寄附とまではいえないと判示して，取締役の責任を否定した。

　なお，会社の政治献金に関して会社の権利能力の範囲内であるという先例がある（最大判昭和45年6月24日民集24巻6号625頁・八幡製鉄政治献金事件）。

第5節　コーポレートガバナンス論

1　コーポレートガバナンス論の意義

　わが国において企業の社会的責任論の後から登場したのが，コーポレートガバナンス論であった。そこでは米国型のコーポレートガバナンス論として，株主利益の最大化ということがいわれた。このようにコーポレートガバナンス論を株主利益の最大化を図るものと捉えるならば，それは私的所有の最大化という論理となろう。なお，近時，有力な経営者で構成される米国ラウンドテーブルが注目すべき提言を行った（ビジネス・ラウンドテーブルの提言・日本経済新聞2019年8月20日付夕刊1面・同8月21日付朝刊2面）。そこでは，「全利害関係者への約束」として，以下の5つをあげている。すなわち，①顧客…顧客の期待に応えてきた伝統を前進させる，②従業員…公正な報酬の支払いや福利厚生の提供，③取引先…規模の大小を問わず，良きパートナーとして扱う，④地域社会…持続可能な事業運営で，環境を保護する，⑤株主…長期的な株主価値の創造に取り組む，である。しかし，今回のアメリカの提言には，賃上げや環境対応といった具体策が盛り込まれていない。そこで，もはや株価上昇は限界と感じる経営者の目標の差し替えと見る向きもある（後記**本編第9章第3節**でも引用）。

　わが国におけるコーポレートガバナンス論は，前節で述べた企業の社会的責任論を踏まえて提起されてきたという歴史があり，私的所有の論理を制約する

理論として理解すべきである。すなわち，企業の社会的責任論に対して，コーポレートガバナンス論は，株式会社というものに集中された経済力や，その社会的影響力をいかに統治するかというものであった。その意味では，もともと法的規制までも考慮していた企業の社会的責任論とコーポレートガバナンス論には通じるものがあった[7]。

　ただ，わが国のコーポレートガバナンス論の背景には，大規模株式会社の経営チェック機能，とりわけ株主総会におけるチェック機能が，法人株主を中心とする企業結合や安定株主といった状況下で，活性化していないということがあった。そこで，当時のコーポレートガバナンス論においては，代表取締役を頂点とする経営体制を，いかに統治するかということに力点が置かれた。その後，昭和から平成にかけて行われた商法（会社法）改正における大きなテーマであった。

2　所有と経営の分離とコーポレートガバナンス論

　さらに，前述のA.A.バーリー＝G.C.ミーンズは，当時の米国の巨大企業は，株式を所有していない専門的な経営者によって担われており，その経営者による企業支配が企業の不正行為の背景にあると指摘していた。これらの議論が，コーポレートガバナンス論の背景となっているともいえる。

　法的な意味での所有と経営の分離は，次のような会社法の規定を指している。

①　すべての株式会社では取締役を置かなければならない（取締役制度・会社326条1項）。

②　公開会社では，定款をもってしても取締役資格を株主資格と結びつけてはならない（会社331条2項）。

③　取締役会設置会社における株主総会の決議事項は，会社法に規定する事項および定款で定めた事項に限られる（会社295条2項）。

　まず所有と経営の分離の第一は，株式会社は取締役を置かなければならない（会社326条1項）という規定である。そして，取締役が会社の業務を執行する（会社348条1項）。このように，出資者である社員が経営を行う持分会社と異なり，株式会社では取締役が業務執行にあたる。

　所有と経営の分離の第二は，公開会社では，取締役資格は株主資格と強行法

7）　中村一彦『企業の社会的責任と会社法』（信山社出版，1997年）の序論は，コーポレートガバナンス論を企業の社会的責任論の発展的表現とされる。

的に分離されている（会社331条2項）。これは広く社会から最も適任の取締役を選任できるように保障したものである。定款で株主資格と取締役資格を結びつけては，株主の中から経営の適任者を選出しなければならなくなる。取締役資格と株主資格を強行法的に分離していることによって，取締役を広く社会から選任できるようにしている。このような趣旨は，広く社会から出資を募る公開会社，株式の譲渡の自由を認めている公開会社の趣旨とも合致するであろう。そのように社会から最も適任の経営者を選任できるということが巨大な株式を集めている企業の永続性を保障するということにもなるであろう。

　なお，この会社法331条2項の趣旨が，広く社会から最も適任の者を取締役に選任できるという株主の権利を保障したものであるとすれば，取締役資格を日本人に限る定款など，取締役資格を限定する定款は，この規定に違反する無効な定款ということになろう。

　その点で，被選任権を日本人に限定した定款を，株主平等の原則に反するものではないとした判例（名古屋地判昭和46年4月30日下民集22巻3＝4号549頁）は，問題がないとはいえない。なぜならば，この判決は，そもそも株主には取締役に選任されるという権利はなく，そこで取締役資格を日本人に限定しても株主平等の原則に違反しないというが，問題は株主が広く社会から適任の者を取締役に選任できるという選任権の問題であるからである（被選任権の問題ではない）。会社法331条2項は，幅広い選任権を保障した規定であると解すれば，取締役資格を日本人に限定するような，株主の幅広い取締役選任権を制限する定款の定めは，違法と解されるのではないだろうか。

　所有と経営の分離の第三の規定は，取締役会設置会社において，株主総会の決議事項を，会社法が定める事項と定款で具体的に定めた事項に限定している規定である（会社295条2項）。本来，株主が会社の所有者であるならば，株主は会社の意思決定を自由に何でも行うことができるはずである（万能の機関としての株主総会・会社295条1項）。しかし，業務執行の決定を行う機関である取締役会を設置した会社では（会社362条2項），所有者である株主が株主総会で何でも決定するということは定款の規定をもってしても認められていない（会社295条2項）。これは経営を強行法的に取締役会に委ねるものである。

3　代表取締役の優越した地位（経営者支配）

　一般的な監査役（会）設置会社における経営システムは，株主総会が会社の

基本的事項を決定し（会社295条2項），その株主総会で選任された取締役が構成する取締役会が業務執行の決定を行う（会社362条2項1号）。そして代表取締役を頂点とする業務執行取締役などが会社の業務執行を行っている（会社363条1項）。この経営システムは，同時に監督システムである。すなわち，株主総会が取締役の選任（会社329条1項）・解任（会社339条1項）を行い，取締役会は取締役の職務の執行を監督し（会社362条2項2号），代表取締役の選定および解職を行う（同項3号）。この監督機構からいえば，株主総会→取締役会→代表取締役というように上位下位の関係になっている。

　しかし，実務上では，しばしば代表取締役が最も上位の地位で優越的な地位を有するような状況が生まれていた。

　まず，公開大会社についてであるが，株主総会について次のような状況が生じていることがある。その第一は，一般株主の議決権行使についての無関心である。書面投票制度（会社298条1項3号・2項，311条，312条……株主1,000人以上義務，例外・上場会社。議決権行使書面の交付・301条，株主総会参考書類交付・302条）による行使も必ずしも多くはない。それに対して株式持ち合い，従業員持株会や取引先持株会などの安定株主工作などから経営陣が支配株数を支配しているというような状況が生まれ，株主総会の形骸化が生じうるということである。その上，総会運営に関しても，議題・議案の提案における会社側の主導権や総会議長も多くは会社の代表取締役社長であるといったこともある。

　代表取締役社長と監督機関でもある取締役会との関係においても，代表取締役社長の優越的地位が問題となることがある。すなわち，たとえば，監査役設置会社では取締役がほとんど業務執行取締役であり，結果として監督機関の取締役会の構成員が代表取締役の業務執行上の指揮命令を受ける部下となっている。また，このような取締役の業務執行上の地位（副社長・専務・常務など）や職務分担の決定に主導権を持つのは，基本的には事実上，代表取締役社長である。この地位や職務分担は報酬に大きな差をもたらす。

　コーポレートガバナンス論では，このような実情をどう変革するかということが大きな問題であった。その結果，取締役会改革では，指名委員会等設置会社（会社400条以下），そして，さらに監査等委員会設置会社（会社399条の2以下）が新設され，その後，それ以外の一定の会社についての社外取締役設置の義務化が行われた[8]。

コラム5

指名委員会等設置会社・監査等委員会設置会社

　指名委員会等設置会社には，過半数が社外取締役で構成される指名委員会，報酬委員会，監査委員会の3委員会の設置が義務づけられている（代表取締役の優越的な地位の源泉である役員人事についての指名委員会，報酬に関する報酬委員会，そして監査を担当する監査委員会）。また，取締役は業務執行を行わず，代わりに業務執行を行う執行役が置かれている。この目的は，執行と監督を分離することである。

　監査等委員会設置会社は，平成27（2015）年5月1日施行の平成26年会社法改正により新たに導入された株式会社の機関設計である。監査等委員会とは，監査役会に代わって過半数の社外取締役を含む取締役3名以上で構成され，取締役の職務執行の組織的監査を担う委員会である。具体的には，取締役の職務執行監査，監査報告の作成，会計監査人選解任議案の内容の決定を行う。その他，監査等委員である取締役以外の取締役の選解任および報酬等について，株主総会において意見陳述等を行う。

　ただ，指名委員会等設置会社では，執行役と取締役は分離されているが，執行役を兼務する取締役が多いのが実情である（しかし，分離が進んでいる米国型の会社もある）。そこで，取締役会の監督の実効性には疑問がある場合もある（社外取締役が少ない場合は特に顕著となる）。確かに，指名委員会等設置会社では，最高経営責任者の指名などが指名委員会により行われるが，再任に際して適切な監督を行えるのか，その実効性はどうであろうか。また，指名委員会等設置会社では，執行役の報酬（兼務する使用人分を含む）は，報酬委員会において個々の報酬額が決定されるが，代表執行役の影響力はどうかといった問題もある。

　今日では任意で指名委員会や監査委員会を設ける会社等が登場している。株主総会改革では，コーポレートガバナンス・コードやスチュワードシップ・コードなど，また，物言う株主やさらに物言う従業員などが論じられている。

　また，株式会社には従業員，顧客，原材料供給者，債権者，株主，経営者など，いわゆるステークホルダー（利害関係者）がいる。そこで経営者には，

8）　令和元年会社法改正327条の2。公開会社であり，大会社であって，金融商品取引法24条1項によりその発行する株式について内閣総理大臣に有価証券報告書を提出しなければならない会社に社外取締役設置を義務づけた。

> このような利害関係者の利益を考慮しつつ，長期的な株主価値の最大化を指
> 向することが求められている。このような会社のあるべき姿を確保するとい
> うのもコーポレートガバナンス論の問題である。その際に，市場の論理など
> による広い意味での規制（後記**本編第7章**参照）が多面的に確保されること
> が重要となっていた。

第6節　コンプライアンス論

　コーポレートガバナンス論の後，1990年代から2000年代初頭にかけて，また
企業不祥事が相次いだ。たとえば，平成12（2000）年および平成16（2004）年
の自動車リコール隠し，平成14（2002）年の牛肉偽装事件，平成17（2005）年
の構造計算書偽装事件，平成18（2006）年のライブドア事件などであり，公共
工事入札における談合，元本割れしやすい金融商品のリスク告知が不十分な販
売，粉飾決算なども増加した。

　このような企業不祥事は企業の社会的信用を大きく損ない，損害賠償請求や
売上急減などで企業は多大な損失を被るし，場合によっては倒産ということも
ありうる。

　そこでガバナンスを強化しても生じる企業不祥事を防止するということで，
法令・社会規範・倫理を遵守することを今まで以上に重視するということが主
張された。これを，ここではコンプライアンス論という。

　このような中で，一方では，企業が自主的に行動指針の策定とその遵守のた
めの内部統制システムの構築に取り組むこととなったが，他方では，コンプラ
イアンスの徹底を促す法整備が進められた。たとえば，内部告発を促すねらい
で，平成18（2006）年1月に施行された改正独占禁止法は，談合などの事実を
自主申告した企業への課徴金減免制度を導入した。同年4月には内部通報者が
解雇などの不利益を被らないようにする公益通報者保護法も施行された。同年
5月に施行された会社法改正では，監査役や株主の監視手段を拡充し，内部統
制システム構築義務を制定した。金融商品取引法では，不正防止に向けたしく
みや部署をつくり，管理状況を文書で残すよう求めた。

　また，米国でも，2001年12月のエンロン社の倒産，2002年7月のワールドコ
ム社の倒産などがあった。その結果，監査の独立性や情報開示の強化などを規
定した企業改革法（SOX法）が2002年7月に制定され，また，判例法理（いわ

ゆる経営判断の原則）の下で社外取締役から独立取締役へと変化がもたらされた（しかも，取締役会の過半数を独立取締役とする改革が進んだ）。EUでも2001年7月に「グリーンペーパー：企業の社会的責任のための欧州枠組みの促進」が発表された。

コラム6

コンプライアンス論や内部統制システム

　コーポレートガバナンス（企業統治）とコンプライアンス（法令遵守）とは一体どのような関係にあるのであろうか。コーポレートガバナンスはまさに企業をあるべき姿に統治していくものであり，企業のあるべき姿にコンプライアンスが含まれる以上，コンプライアンス体制が適切に構築されて，かつ機能・運用されているかを確認するのも，コーポレートガバナンスのうちであろう。

　また，会社との委任契約で負う取締役の善管注意義務（会社330条，民644条）には，直接的には株主の利益以外の公益を守ることまでも含まれているとはいえない。しかし，公益を守らない会社に対する社会からの批判（法的制裁が法定されている場合はそれも含む）による，会社の信用毀損などの損害を避けることは株主の利益を守ることにもなる。そう考えると広い意味では公益を重視することも善管注意義務や忠実義務に含まれていると解釈すべきであろう。同様に，会社法355条の忠実義務における「法令」も広く解釈すべきである（前掲・野村證券損失補填事件・最判平成12年7月7日民集54巻6号1767頁）。そして，内部統制システムを定める会社法362条4項6号の「法令」も，同様に広く解すべきである。

第7章

ソフト・ローによる規制

第1節　ハード・ローとソフト・ロー

　ハード・ローには国家（国会・内閣・司法という三権）が制定した規範と，それ以外が形成した規範[1]があるが，どちらも最終的には裁判規範である（裁判所で履行が義務づけられる規範である）。それに対して，ソフト・ローは国家が執行するものではないが，現実の社会生活において企業や人々の行為を規制する規範（行為規範）である。このようなソフト・ローの実際社会における役割，とりわけ企業の在り方に関する役割は大きなものがある。

　そのようなソフト・ローの実効性を確保することに大きな役割を果たしているものに，企業の社会的責任論がある。企業のソフト・ロー違反は，企業の社会的責任を自覚していない証左であるとして，取引先・消費者など社会から批判を受けることになる。このように，現在の企業の社会的責任論には，企業は法令遵守を超えた社会的良識の範囲で行動すべきであり，とくにESGを考慮し，持続可能な社会の創造に向けた活動をすべきであるとする考えがある。

　また，企業によっては企業の社会的責任を推進する際にISO26000規格を参考にすることもあるが，この規格などが国際的な規格として普遍化すれば，法規範化することもありうる[2]。現実にも，コーポレートガバナンス・コードの社外取締役制度などが，まず，上場規則に，そして法改正で会社法にとり入れられるということもある（前記本編第6章第5節参照）。

　しかし，企業法におけるソフト・ローは一括して編纂されているわけではない。具体的には，モデル普通取引約款に関する業界の自主ルール，証券取引所における上場規則，業界団体の自主規制，コーポレートガバナンス・コード，

---

1)　慣習法など。たとえば，会社法431条で株式会社の会計は，一般に公正妥当と認められる企業会計の慣行に従うものとすると規定している。その意味では公正な会計慣行は規範性をもつと解する。

2)　奥島孝康「〈金融商事の目〉社会的責任の国際規格と会社法」金融・商事判例1324号1頁（2009年）参照。

スチュワードシップ・コードなど，多岐にわたる形で存在している。とくに，金融庁・証券取引所によって，コーポレートガバナンス・コードやスチュワードシップ・コードなどは企業に対する指針として定められている（後記本章第2節参照）。

しかし，会社法などハード・ローと全体として必ずしも整合性がとれているというわけではない。たとえば，社外取締役についてのソフト・ローである上場規則とハード・ローである会社法との相違点をあげると次のようになる。すなわち，会社法で規制された場合は，そのような社外取締役を欠くまま取締役会で決議をすると決議は無効となる。また，会社経営が法令に違反していることとなる。上場規則の場合には，形式的には違反があっても，上場廃止されるかどうか審議されることになる。その間に当該瑕疵の治癒もありうるというように柔軟な対応がありうる。このように社外取締役の導入については会社法に規定を置くか，または上場規則に委ねていくかという議論もあったが，会社法で義務づけられた。なお，金融商品取引法による義務づけは，ハード・ローである法によるものであるが，社外取締役を欠いているからといって直ちに財務諸表等の情報開示などが無効となるかは別問題となる。また，それ以上に，会社経営における取締役会の決議等が無効となるものではない。このようにハード・ロー（法）によって対応するとしても，どの法によることが最善かを検討した上で立法することが必要である。

このようなソフト・ローということからいえば，企業文化もその一種かもしれない。なぜならば，それぞれの国の法の背景には，それぞれの国の企業・社会文化があるからである。その意味では，外国法の比較法研究をする基礎的な素養には異文化理解ということも必要である。

第2節　企業に関する主なソフト・ロー

1　上場規則

たとえば，日本取引所グループは諸規程や規則を定めている。上場会社は，上場するに際して証券取引所と証券取引所が定めている上場規則等を遵守するという契約を結ぶ。その違反には，上場廃止や特設注意市場銘柄の指定等の処分がある。

2　コーポレートガバナンス・コード

　コーポレートガバナンス・コードは1992年に英国で初めて設けられ（UK CGC），ドイツ，フランスなどのヨーロッパ諸国のほか主要国のほとんどで策定されている。

　日本では東京証券取引所（東証）と金融庁が，上場企業が守るべき企業統治の指針として日本版コーポレートガバナンス・コードを策定した（平成27〔2015〕年6月1日）。

　これは株主がその権利を適切に行使することができる環境の整備を行うことなどを定めたもので，その実施を一律に義務づけるものではない。自主規制である。しかし，「コンプライ・オア・エクスプレイン（comply or explain）」ということで，原則実施し，個別事情に照らして実施が適切でないと判断するものがある場合には，それを実施しない理由を投資家などへ説明しなければならないとされている。

コラム7

コーポレートガバナンス・コードの改訂

　日本版コーポレートガバナンス・コードは，令和3（2021）年6月11日，金融庁および東京証券取引所により改訂され，全部で83原則となった。大きく変更された点は以下のとおり。

① 取締役会の機能発揮
- プライム市場の上場企業に対し，独立社外取締役の3分の1以上の選任を求める（令和4〔2022〕年春の東証の上場区分で創設されるプライム市場に属する企業には，独立社外取締役を3分の1以上求める）
- それぞれの経営環境や事業特性等を勘案して必要と考える企業には，独立社外取締役の過半数の選任を検討するよう促す
- 上場企業は取締役の選任にあたり事業戦略に照らして取締役会が備えるべきスキルを特定し，その上で各取締役の有するスキルの組み合わせ（スキルマトリックス）を公表すべき
- 指名委員会（法定・任意）の設置と機能向上（候補者プールの充実等，CEO選解任機能の強化，活動状況の開示の充実）
- 報酬委員会（法定・任意）の設置と機能向上（企業戦略と整合的な報酬体系の構築，活動状況の開示の充実）

- 投資家との対話の窓口となる筆頭独立社外取締役の設置，独立社外取締役の議長選任等
- 取締役会の評価の充実（個々の取締役や諮問委員会等を含む自己・外部評価の開示の充実等）等

② 企業の中核人材における多様性（ダイバーシティ）の確保
- 上場企業に対し，女性・外国人・中途採用者の管理職への登用等，中核人材の登用等における多様性の確保についての考え方と自主的かつ予測可能な目標を示すとともに，その状況の公表を求めるべき（多様性の確保に向けた人材育成方針・社内環境整備方針をその実施状況とあわせて公表するよう求めるべき）

③ サスティナビリティ（ESG要素を含む中長期的な持続可能性）をめぐる課題への取組みの開示
- 人的資本への投資や環境（プライム上場企業に対して気候変動によるリスク）および収益機会について，国際的に確立されたTCFD（または同等の枠組み）に基づいたデータ収集と分析を行い，開示すること

④ その他人権の尊重　従業員の健康　労働環境　公正・適正な取引など

3　スチュワードシップ・コード

　平成26（2014）年 2 月に金融庁が「日本版スチュワードシップ・コード」を発表した。そして令和 2 （2020）年 3 月には，議決権行使助言会社に日本拠点で十分な人員や組織を整備するように求める項目が新設された。

　そして，令和 3 （2021）年 4 月 6 日にスチュワードシップ・コードおよびコーポレートガバナンス・コードのフォローアップ会議は，投資家と企業の対話ガイドライン案を発表し，同年 6 月11日に改訂された。そのガイドラインは，コーポレートガバナンスをめぐる現在の課題を踏まえ，持続的な成長と中長期的な企業価値の向上に向けた機関投資家と企業との対話において，重点的に議論することが期待される事項を取りまとめたものである。

　このように，スチュワードシップ・コードはコーポレートガバナンス・コードと対をなすものである。コーポレートガバナンス・コードが投資を受ける企業を対象とするのに対し，スチュワードシップ・コードは機関投資家向けの行動規範で，企業との建設的な対話を通じて企業の成長を後押しするものである。

4　ESG

　ESGとは,「Environment（環境）」,「Social（社会）」,「Governance（企業統治）」の三つの頭文字をとったものである。各分野への適切な対応が会社の長期的成長の原動力となり, 最終的には持続可能な社会の形成に役立つことを示した投資の判断基準のひとつとされている。

　このようにESG投資という言葉が使われるようになった背景には, 2010年頃からESG投資に対する機関投資家の理解が大きく変わってきたということがある。ESG投資より前にSRI（社会的責任投資）という言葉がよく使われていた時代もある。ただ, 当時のSRIには, 通常の投資より強く社会や環境を意識した倫理的な投資手法という認識があった。しかし, 社会や環境を意識した投資は, 長期的にはリターンも高く, また投資リスクが小さいという実証研究が出されるようになっていた。

　日本企業も, 今このESGを考慮したガバナンス改革を進めている。すなわち, 長期の投資家に対しては, ESG情報を取り入れた長期的視点で説明を行うことが必要との観点から, 財務情報に加え, ESG情報にも言及しつつ, 企業価値創造プロセスについて報告する統合報告書を発行する会社が急増している。また, 前述の平成26（2014）年2月に金融庁が発表した「日本版スチュワードシップ・コード」, 平成27（2015）年3月に金融庁と東京証券取引所が発表した「コーポレートガバナンス・コード」は, ともにESG投資の概念を推進する内容となっている。

　世界では, 平成18（2006）年に国連が, 機関投資家がESGの課題を投資の意思決定に組み込むことで, 長期的な投資成果を向上させることを目的とする, 国連責任投資原則（PRI）を定めた。この国連責任投資原則は, 国連機関である国連環境計画（UNEP）と国連グローバル・コンパクト（UNGC）が推進している。これには年金基金などアセットオーナーや運用会社がESG投資を推進していくとして, すでに世界1,500機関以上のアセットオーナーや運用会社などが署名している。日本の年金積立金管理運用独立行政法人（GPIF）も平成27（2015）年9月に署名をした。

コラム8

ESGにおける企業の取組み

　ESGにおける企業の取組みには，①環境…気候変動や環境汚染への取組み（二酸化炭素の排出削減，森林破壊対策，廃棄物排出量削減や再利用率の向上等），②社会…従業員や取引先の労働環境への配慮，児童労働への配慮，地域社会への貢献等，③企業統治…社外取締役の増員，少数株主の保護や資本効率，不祥事への対応と予防策等が含まれる。

5　SDGs

　SDGs（Sustainable Development Goals〔持続可能な開発目標〕）は，国連加盟国による2015年の「持続可能な開発サミット」において採択されたものである。そこでは2030年までに達成を目指す持続可能な開発目標が示されており，2001年の「ミレニアム開発目標（MDGs）」の後継として策定されている。内容としては，「貧困の根絶」，「ジェンダーの平等」，「気候変動への対策」，「質の高い教育の実現」などの17分野にわたる目標と，それらを達成するための具体的な目安として，「1日1.25ドル未満で生活する極度の貧困を終わらせる」，「妊産婦の死亡率を出生10万人当たり70人未満に削減する」などの169のターゲットが掲げられている。

第3節　ソフト・ローと経営者の善管注意義務

　会社の経営者（法的には，持分会社の社員，株式会社の取締役）は，会社との委任契約（民643条以下）に基づいてその地位につき，善良なる管理者の注意をもって委任事務を処理する義務を負うことになる（民644条，会社330条・593条1項，善管注意義務という）。「委任事務」は会社法では「職務」と言い換えられており（会社593条1項・4項参照），職務の内容を一言でいえば会社経営である。つまり，会社の経営者は，同種・同規模の会社の経営者に一般に要求される程度の注意を尽くして会社経営を行うことが求められているのである。そして，経営者の職務は，法定されているものばかりではなく，時代が変われば新たな内容が含まれてくることもある（ただ，そのすべてが明文化されるわけではないし，その内容が徐々に明確になっていくということもある）。ここでは，経営者の職務ないし善管注意義務とソフト・ローとの関係についてみておく。

　企業の社会的責任として，経営者には，コーポレートガバナンス・コード，スチュワードシップ・コード，さらには近時いわれているSDGs，ESG等を考慮した経営を行うことが望まれている（現代の経営者の善管注意義務）。

　さらに，現在，ソフト・ローであったものが，会社法改正において法として採用されたり，企業のソフト・ローについての取組みを開示することや，説明義務の対象として説明を求められたりしている。

　そこで経営者としては，経営の基本方針として，それらソフト・ローを会社活動の本質的な要素として位置づけて，その企業組織自体やその企業活動を構築していかなければならない。具体的には，会社の経営者として，どのようにソフト・ローを組み込んでいるのか，どのようなシステムを構築しているのか，また，情報システムをはじめとして，内部統制システムやリスク管理体制等について，説明する義務を負っている。このように現在は，会社法における内部統制システム・リスク管理体制の中に，ソフト・ローを組織的に取り入れる必要が出てきている。そのほか，各企業の中長期計画にソフト・ローを反映させることも求められている。言い換えれば，ソフト・ローが企業にとって内在化していかなければならない課題ともなっている。

　このように現在は営利を目的とする会社が，その目標を達成するために，市場や社会に受け入れられるようにソフト・ローを遵守する時代であるといえる。そして，そのようなことが会社の長期的・持続的な発展につながりうる道ともいわれている。

　とすれば，経営者の経営判断においてもソフト・ローを遵守することが，その社会的責任を遂行することでもあると考えられる。いかにソフト・ローへの取組みが基本的には企業の自主性に委ねられるべきだとしても，ソフト・ローへの対処自体が企業にとって，リスクとして対処すべき事項ともなっている。言い換えれば，経営者がその方向を決定し，その責任において遂行すべき事項となっている。

　そして，国連のグローバル・コンパクト，OECDの多国籍企業のためのガイドライン，ISOによる規格化の動き，EUの動向など，国際的な動向についても経営者は注視しなければならない。なぜならば，国際的なソフト・ローには，域外適用ともいう現象が生じてきているからである（後記本編**第9章第3節**参照）。また，現在問題になっているソフト・ローの多くは国際基準でもあるからである。

　このような国際的な状況が進んでいるのは，市場の国際化という中で，ガバナンス等についても，国際基準の確立を求める動きがあるからである。また，グローバル化・大規模化した企業には人権，環境などの国際的な基準を守らせるべきで，そうでなければ人権や環境が守られないという危機感が，国際的に共通の認識となってきているからである。

　このようにソフト・ローの問題は，大規模な多国籍企業，大規模公開会社の問題として登場するが，しかし，中小企業にとっても問題とされる。社会に与える影響力，経済的な比重，環境に対する影響度などに応じて，中小企業も社会的に相応の責任が問われている。ソフト・ローが企業の社会的責任を背景にして構築されてきている以上，中小企業も無縁ではない。

第8章

市場の国際化と企業の在り方

第1節　市場の国際化に伴う世界的な標準

　市場の国際化は，企業においても国際化への対応を余儀なくさせている。すなわち，国際市場における企業間競争についての国際的戦略はもちろん，法務面での国際的な法的手段の検討も必要である。そのような状況で企業の遵守するコンプライアンスとコーポレートガバナンスにおける国際基準を遵守する必要性が高まっている。たとえば，国際市場から資金調達をする際には，情報開示とガバナンスが，国際会計基準や，後述する国際的ソフト・ロー等に適合していることが求められている。その上で，域外適用ということで外国法が直接的に適用されてくる現在においては，そのように域外適用される外国法の遵守までも要求されている。以下で，その具体的な姿を会社法と関連させてみていくこととする。

第2節　国際化と縦糸の論理（そこにおいて貫徹している私的所有の論理）

1　国際市場の統一化と会社法

　国際市場の統一化は，会社法にも大きな影響をもたらしている。企業にとっては，市場の統一性は，私的所有の論理ないし資本の論理で行動する市場が拡大するということでもあるが，そのような国際市場の拡大という中で，企業としては，どこで事業活動をすることが最適かという問題と，どこで企業を設立するべきかという問題が生じる。そして，この両者を切り離すことから始まる。なぜならば，現在までの多くの国における国際私法の通説は，当該企業に適用される法は，設立準拠法（会社を設立した国の法）であるからである。そこで企業としてみれば，会社を設立する国はもっとも規制の少ない，税金の少ない国ということになる。しかし，その設立する国と企業活動の本拠地は同じであ

る必要はない。市場が統一されていれば，どこで会社を設立しても，どこでも企業活動はできる。活動の本拠地で設立する必要はない。ということは，会社法などで会社への規制を厳しくしていると，その国では会社は設立されず，資本が外国に逃げ出すこととなる。また，税が高いと不利になる。いわゆるタックスヘイブンを利用した会社設立やペーパーカンパニーの問題が生じ，わが国では外国子会社合算課税などが採られている。

　なお，2021年７月10日にイタリアで開かれていたG20＝主要20カ国の財務相・中央銀行総裁会議は，法人税の引下げ競争に歯止めをかけるための新たな国際課税のルールをめぐり共同声明を採択した。そして，2021年10月８日にOECD加盟国を含む135国・地域は，①店舗などの物理的な拠点がなくともサービス利用者がいれば税収を得られるデジタル課税の導入と，②法人税の最低税率15％で決着をした（日本経済新聞2021年10月９日付夕刊１面）。

　また，市場が統一されているならば，いろいろな国の企業が同じ市場で競争することとなる。そうであるならば，他国の企業がその設立国によって享受している法的な手段を，自国の企業にも認めないと，自国の企業が競争上不利益を受けることとなる。たとえば，後述するように国際的なM&Aにおける競争で，他国の企業が享受している法的手段が自国の企業には認められていないとすると，M&Aにおける競争で自国の企業は不利な立場になるであろう。

　それとは逆に，あまりにも規制の少ない有利な立場におかれている国の企業には，その他の国の企業等から不平等であるとの批判がなされる。そこで同じような規制をしていないと，その規制の少ないということの利益に見合った不利益な処分が国際市場から科されることもある。たとえば，資本市場の国際化において，世界的な標準的ガバナンスを整えていないと，世界的な資本市場による資金調達ができなくなることもある。また，環境問題なども世界的な環境基準をクリアしていないと，環境規制の厳しい国への輸出ができないということもありうる（EUのISO基準による輸入障壁）。これらは後に述べる自国の法の域外適用といったことにもつながる問題を提起している。（後記本編第９章参照）。

２　日本における市場開放・国際市場への参加と会社法改正

　この問題についての議論は，企業から，企業戦略上の法的手段について，欧米，とりわけ米国の企業に認められている法的手段を，日本においても認めて欲しいという要求にもなる。

　このような具体的な例として，M&Aにおける法的手段の拡大という問題を
あげることができる。従来，わが国における企業買収方法は，相手企業の同意
なしに敵対的買収としての過半数株式取得による方法，相手企業との合意に基
づいて行われる友好的買収としての合併や，相手企業からの株式発行などに
よって過半数の株式を取得する方法などしかなかった。しかし，合併には複数
の企業が一つの企業となるというので内部的には，どちらの企業の人事政策で
行くかなど軋轢が生じたり，企業のシステムの統合でコストがかかったりする
弊害が生じることがあった。そのようなときに，純粋持株会社[1]を両会社で設
立して，その下での事業子会社として従来の両会社が存続すれば，純粋持株会
社のグループ全体の経営戦略の下で事業子会社は事業を展開するという形がと
れる。さらに，純粋持株会社を設立する際に，株式移転（1または2以上の株
式会社が，その発行済株式の全部を新たに設立する株式会社に取得させること，会
社2条32号）や，株式交換制度（株式会社がその発行済株式の全部を他の株式会社
または合同会社に取得させること，会社2条31号）を使えれば，金銭出資で純粋
持株会社を設立しないで（会社資金を使わずに），純粋持株会社を設立できる。
このような方法をわが国でも可能にするために，純粋持株会社が解禁され，株
式移転や株式交換が会社法の改正で新設された。
　また，このような純粋持株会社の下における事業子会社が新たに他の事業会
社を買収する際に，その買収する吸収合併消滅会社の株主に対して当該事業子
会社が株式を発行するという合併では，その事業子会社が純粋持株会社の
100％子会社ではなくなってしまう。そこでいわゆる三角合併[2]が新設された。
　また，敵対的買収への防衛策においても，国際的な標準的な手段を解禁する
ことも要求された。日本では，①企業価値の向上を基準とする買収防衛策，②
個別手段としての株式の種類の多様化や，新株予約権の多様化などによる防衛
策の問題となる。
　たとえば，買収防衛策として使いうる株式の種類の多様化としては，議決権
制限株式，譲渡制限株式，取得条項付株式などをあげることができる。①議決
権制限株式とは，株主総会の決議事項の全部または一部の事項について議決権

　1）　純粋持株会社とは，自ら直接事業を行わず，事業会社の株式を保有することで他
　　の会社を支配することを目的とする会社をいう。日本では独占禁止法旧9条によって
　　禁止されていた。1997年6月に旧9条が改正され解禁された。
　2）　吸収合併において，消滅会社の株主に対して存続会社の親会社の株式を交付する
　　合併をいう。会社法施行1年後の平成19（2007）年5月1日施行。

を行使することができない株式（会社108条1項3号）をいう。この株式は敵対的買収の対象とならない。そこで議決権制限株式として発行するに際して，経営権を分散する心配なしに資金調達をすることができる。会社経営に興味はなく，ただリターンにのみ関心がある株主側の要求，および株主の議決権数を増やしたくないという経営者側の要求に応じる方法となる（2001〔平成13〕年11月の商法改正）。②譲渡制限株式とは，全部または一部の株式につき，それを譲渡するにあたって，定款で定められた手続に従い会社の承認を得ることを必要とする株式である（会社2条17号）。③取得条項付株式とは，一定の事由が生じたことを条件に，会社が株主に対して強制的に株式を取得することができる株式（会社2条19号）をいう。発行するすべての株式の内容について定めることもできる（会社107条1項3号）が，種類株式としてほかと内容の異なる定めを置くことができる（会社108条1項6号）

　規制の国際化としては，会社法改正における，指名委員会等設置会社の導入など機関構成の多様化（会社327条参照），社外取締役制度の導入（会社327条の2参照），多重株主代表訴訟（会社847条の3。子会社の役員に対する親会社の株主による代表訴訟制度）等をあげることができる。さらに，世界の市場から信用される企業ということで，いかにコーポレートガバナンスなどを国際標準にあわせるかという問題もある。

コラム9

株式交付制度

　令和3（2021）年3月施行の会社法改正で，自社株式を対価として他社を子会社化する株式交付制度が導入された（会社2条32号の2・774条の2以下）。株式交付は買収に乗り出す会社が対象会社の株主から株式を譲り受け，その代わりに自社株式を渡す制度である。すでにある株式交換制度（会社2条31号・767条以下）は対象会社を完全子会社化する方法であるのに対して，株式交付制度は子会社にすればよく，資本提携にも使える。現金で対象会社の株式を得る一般的なM＆Aと異なり，株式交付では買収会社の有利子負債の増加を抑えられる（買収に現金が必要でないので借入れで資金手当をする必要がない）。手元資金が少ない会社も使える。このような制度を認めなければ，認められている国の企業に比して国際的な企業のM&Aにおいて，わが国

の企業は不利となる。

　なお，株式交付制度では税務面でも，株式交付の際，買収される対象会社の株主への課税が繰り延べられるなどの点も整備された。以前は対象会社の株主が株式を買収会社に譲渡すると「株式売却」とみなされ，実際に現金を手にしていないのに，売却益の相当額に課税された。

　平成30（2018）年施行の産業競争力強化法でも，自社株を交付する子会社化を認めていたが，事業を所管する官庁から事業再編計画の認定を受ける必要があったなど手続が負担でほぼ使われていなかった。

第3節　市場の統一化と法の平準化の先例

　このような市場の統一化と法の平準化の例として，米国における州法としての会社法と連邦法としての証券取引法・企業改革法（SOX法）[3]の関係をあげることもできるであろう（米国は市場としては一つの国内市場として統一市場といえるが，会社に適用される法はその会社の設立準拠法である州法としての会社法である。それに対して，証券取引法や企業改革法は連邦法である）。

　米国では実際にデラウェア州の一般会社法（General Corporation Law）によって設立されている企業が多い。そこでデラウェア州の会社法が米国の会社法をリードし，多くの州がそれにならっている。州法としての会社法の問題点は，連邦という市場の統一性を背景に，各州の州法で企業を規制すると，規制が多い州から企業が逃げ出し，規制の緩い州で会社を設立するということになるという問題である。それでは合理的な規制ができなくなる。そこで，一方では，アメリカ法曹協会の会社法委員会が作成した模範事業会社法（Model Business Corporation Act）を採用する州も多いなど，法の統一化が図られる（また，リステートメント運動なども，その一種といえる）。それでも，より強く規制を図るときには，規制法としての連邦法が活用されるときがある。たとえば，1933年証券法である。これは株価暴落の後の世界恐慌の中で制定された，証券の募集や販売を規制する最初の連邦法である。それ以前の州法（ブルー・スカイ法）は連邦法を補完するものとされた。

　州法である会社法に対する連邦法としての企業改革法（SOX法）も，その一つである。企業改革法は，エンロン事件やワールドコム事件で問題となった粉飾決算に対処し，企業会計や財務諸表の信頼性を向上させるために制定された

連邦法である。このSOX法は，該当する企業から独立した取締役で構成する監査委員会の設置を上場企業に義務づけ，監査法人の任命や報酬，監督に責任を負わせたほか，匿名の告発を処理するよう定めている。また，最高経営責任者（CEO）や最高財務責任者（CFO）は財務諸表の内容に責任を負い，不適切に財務諸表を修正させた場合にはボーナスの返還などが科される，また，刑事罰として，故意の虚偽記載には最長20年の禁錮刑や500万ドル以下の罰金が定められている。

　日本でも平成16（2004）年以降，長年にわたる西武鉄道の株式名義偽装やカネボウの粉飾決算が明るみに出たり，ライブドアの粉飾決算などが相次ぐ中で，米国SOX法に影響を受け，上場企業およびその連結子会社に対し，会計監査制度の充実と企業の内部統制強化を義務づける規定（日本版SOX法，J-SOX）が金融商品取引法に盛り込まれた。ここでは社内での不正を防ぐ管理体制を強化し，管理体制を点検・評価した「内部統制報告書」を決算とともに公表し，有価証券報告書とともに内閣総理大臣に提出するよう定めた。同報告書は公認会計士または監査法人の監査を受ける必要があり，この結果をまとめた「内部統制監査報告書」も決算時の公表を義務づけた。内部統制報告書などの開示書類に虚偽記載があった場合，個人には懲役5年以下ないし500万円以下の罰金が科される。

第4節　設立準拠法と本拠地法

　法人に関する一定の事項（組織や株式発行手続など）については，当該法人と密接に関連する一定の法が常に適用されると考えられており，このような法を当該法人の従属法または属人法という。この点については設立準拠法主義と本拠地法主義の対立がある。大まかにいえば，米国や日本では前者が採用され，ヨーロッパ諸国では後者が採用されている。後者の本拠地法によれば，活動の本拠地の法が適用されるので，他国で設立しても，本拠地の法から逃れることはできない。

　それに対して設立準拠法によるならば，本拠地である国の法の規制を免れる

3）　2002年7月に成立したサーベンス・オクスリー法のこと，略称SOX法。正式には「Public Company Accounting Reform and Investor Protection Act of 2002（上場企業会計改革および投資家保護法）」。

ために規制の緩やかな外国に実体のない会社（ペーパーカンパニー）を設立し，その後，本来事業の根拠地として意図していた国に事業の本拠を移し，業務を行うということも可能となる。

　では，そのような法を逃れる行為に対して，わが国の会社法はどのように対処しているのであろうか。

　日本の会社法（外国会社の規定…会社2条2号，外国の法令に準拠して設立された法人で会社と同種のものをいう…会社817条～823条）は，外国会社が日本で取引を継続して行うには，日本における代表者を定めることと，そのうちの1人は日本に住所を有するものであることを要求している（会社817条1項）。また，登記前の継続的な取引は禁止されている（会社818条1項）。

　その上で，日本に本店を置き，または日本において事業を行うことを主たる目的（事業活動の本拠地を日本とすることを主たる目的）とする外国会社は，日本において取引を継続してすることができない（会社821条）として，本拠地を日本とするならば，日本法人になることを求めている。

第5節　国際的な企業法の統一化

　国際的な企業活動の分野においては，国際的に法を統一するということが問題となっていた。そのための手段が一つは条約であり（たとえば，国際的な統一条約を批准して，国内法化した法律に，手形法，国際海上物品運送法などがある。また，国際物品売買契約に関する国際連合条約もある）。もう一つが国際的な標準約款や国際規則である。たとえば，国際商業会議所（ICC：International Chamber of Commerce）が制定した貿易取引条件とその解釈に関する国際規則（インコタームズ〔INCOTERMS：International Commercial Terms〕はCIFやFOB売買について定めている）や，信用状統一規則（UCP），などがある。

　また，民間における具体例としては，環境についてのISOといったものもある。今後，多国籍企業の規制や多国間にまたがる企業のM&Aについても，国際基準が求められるであろう。

　しかし，国際的な法の平準化について考えるとき，大陸法系（成文法中心）と英米法系（判例法中心）などの相違や，それぞれの国の法文化などが大きな影響をあたえることが考えられる。たとえば，請求権競合説と法条競合説といった大陸法における問題（わが国においても民法における古典的な論点である）

が，英米法系における訴権についての考え方との相違から，統一条約において
も，大きな問題を残した例がある。それは船荷証券統一条約における法定免責
規定についてであった。すなわち，そこにおいて生じた問題は，統一条約に基
づいて制定された国際海上物品運送法が，運送人の不法行為責任についても，
法の規定している法定免責や責任制限が認められるかどうかという問題であっ
た。

　すなわち，国際海上物品運送法のように損害賠償責任額を有限とする立法が
なされた場合に，大陸法では，それは不法行為の損害賠償責任額についての規
定なのか，債務不履行の損害賠償責任額についての規定なのかが問題になる。
そして，この規定は契約責任の規定，すなわち，運送人の債務不履行の損害賠
償責任の規定と解されていた。

　それに対して，英米法では，同種の事案について裁判がなされた先例がある
かどうか，いわば先例を根拠にして，自己の事案についても裁判を認めるよう
に求めることになる（先例に基づく訴権が肯定される）。そこで，英米法では，
その立法（前述の責任制限規定など）はどのような訴権（先例）に基づいて訴え
られた場合に適用されると解されるのかが問題となる。そして，特に規定がな
い限り，多くの場合はどのような先例に基づいて訴えられても適用される法と
解される（損害賠償額の上限規制は英米法での不法行為で訴えられても，契約違反
で訴えられても，過失で訴えられても適用されるものと解される）。

　このように統一条約を国内法化したわが国の国際海上物品運送法の責任制限
等の規定は，契約責任の規定と解されていたが（不法行為責任には適用されない），
同じく統一条約を国内法化した英国等の国々のCOGSA（Carriage of Goods by
Sea Act）は，不法行為の先例に基づく訴権においても適用された。その結果
大陸法系と英米法系では不法行為に関する点が異なることとなり，統一条約を
批准してそれぞれ加盟国が国内法を制定しても，結局，その点の相違が残るこ
とになってしまった。そこで，現在は改正され，わが国の国際海上物品運送法
も不法行為責任について適用されることとなった（国際海運16条）。

第6節　国際化と横糸の論理（私的所有の論理の制限法理）

　国際化時代の企業にとっては，遵守すべきルールも自国のルールだけとは限らない。たとえば，外国の市場に上場しているときには，その上場規則を遵守することになる。そこで開示すべき財務情報などのルールもその国の上場規則によって異なることになる。一般的に資産と負債を評価する時価会計制度が採られている中で，わが国の企業が取得原価制度によるのでは（原価主義），海外に上場するわが国企業は二重に財務諸表を作成するという負担を強いられることになる。また，会計情報の機能には，株主と債権者との間における利害調整機能と，投資家に対する投資意思決定情報提供機能の二つがあるが，企業の現状把握という観点からは，時価情報の方が有用である。そこでわが国も時価会計制度を導入した（時価主義）。令和元（2019）年7月4日に，企業会計基準委員会（ASBJ）および日本公認会計士協会（会計制度委員会）により，時価算定会計基準の開発にあたっての基本的な方針が発表された。そこにおいては，国内外の企業間における財務諸表の比較可能性を向上させる観点から，統一的な算定方法を用いるということで，国際財務報告基準（IFRS）第13号の定めを基本的にすべて取り入れることとされた。

　また，企業会計自体のグローバルスタンダードの一つとして，国際財務報告基準（IFRS）が，2005年にEU域内の上場企業に義務づけられるようになっている。そこで従来，日本では原則として日本会計基準により財務諸表を作成し，特例としてアメリカの証券取引所に上場している企業については，米国会計基準での財務諸表作成が認められていたが，企業会計におけるグローバルスタンダードの意義は無視しえないとして，平成21（2009）年には企業会計審議会が，IFRSの任意適用を認めることを盛り込んだ「我が国における国際会計基準の取扱い（中間報告）」（日本版IFRSロードマップ）を公表している。そして国際会計基準日本版（J-IFRS（JMIS））も導入された（その結果，現実には，①日本会計基準，②米国会計基準，③国際財務報告基準，④国際会計基準日本版が企業会計制度として採用されている）。

　コーポレートガバナンス・コード以下のソフト・ローにおける国際的なスタンダードの意義については，当該ソフト・ローの箇所で述べたとおりである。

　このように企業行動を律する日本における法制度・ソフト・ロー・企業会計などに対して，国際基準に照らして問題が提起されるのが現在の世界市場である。その結果としてそれぞれ改正を余儀なくされることもある。そして企業にとっても，そのような国際基準を遵守しないと法令上の不利益のみならず事実上の不利益を受けることがある。なぜならば，このような場合の多くは，企業の倫理的・社会的な責任問題が提起されるからである。すなわち，国際基準を気にする企業では，そのような国際的な視点を無視するわけにはいかないのである。

第9章
国境を越えて適用される企業法

第1節　グローバル化と法の域外適用

1　法の摂取と域外適用

　法の世界でもグローバル化ということがいわれている。その一つは法の摂取という形で現れている。とりわけ，わが国は明治以来外国法や国際基準を摂取して，わが国の法制度の近代化を進めてきた（外国法の摂取）。そこで母法である外国法の研究も盛んに行われ，そのことがわが国の法制度の近代化を推進してきたともいえる。現在でも，国際化ということで，国際的な法規制の摂取や法の国際的な平準化等に向けた法改正等が行われている。

　そして，もう一つの法の国際化という問題が，外国法がわが国の企業や人に直接適用される「域外適用」といわれる問題として生じてきている。

　本来，近代における主権国家としては，自国の法律が適用される範囲は，自国の主権の範囲内である（法律の適用範囲を自国の領域内に限定する属地主義と自国の領域外でも自国の国民に自国法を適用する属人主義）。ところが法の域外適用とは，自国の主権を超えて自国の法を他国の企業や人に適用するものである。一国主義的な法のグローバル化ともいえる。

2　域外適用と企業

　企業にとって本来適用されるのは自国法（属人主義…企業法でいえば，自国法とは企業の設立準拠法か企業活動の実質的本拠地法である）か，進出先の国の法律（属地主義）に限られるはずである。しかし，現在では，進出先ではない外国の法が突然日本における日本企業の活動に適用されることがある。外国法がその国の主権を超えて，わが国における日本企業の企業活動に適用されてくるのである。これが法の域外適用である。さらに，A国において，B国の企業とC国の企業が行った取引に，D国の法律が適用されてくるという事例もある。

　このようにわが国企業の国内の取引や行為に外国法が適用されたり，進出先

の国における取引や行為に，進出先以外の第三国の法が適用される場合が，狭
義の域外適用である。

　このような域外適用には，その外国企業の行為や取引によって，第三国の企
業や消費者に不利益が及んでいる場合にも，その企業や消費者の国の法律が直
接域外適用されることもありうる（このようにその効果が及んでいるとして外国
の法が適用されてくる域外適用を効果主義という）。

　このような域外適用される法が多くなってきている現在，株式会社の取締役
の法令遵守義務（前記**本編第6章第1節**参照，会社355条）における法令とは，こ
のように域外適用されてくる外国法も含むべきであろう。

　従来，法令遵守義務においては，広く解して，日本国内のすべての法令と解
しているが，域外適用という問題が加わると，それだけで十分というわけには
いかない。すなわち，実際問題として多くの分野において域外適用される法令
が増えている現在，法令遵守義務を負う会社の取締役は，会社法上の規定のみ
ならず，すべての国内法を（非限定説），会社が国際取引や海外事業を行う場
合は，その関係国の法律を，そして，さらに域外適用されてくる外国の法令を
遵守する義務を負うことになるのではないか。そうでないと次に述べるように
会社の利益が守られないことが生じる。

　すなわち，会社の取締役は，その善管注意義務の内容として，それら外国法
令を遵守するための内部統制体制，すなわちコンプライアンス・プログラムを
整備する必要がある。この内部統制体制の不備等により，従業員等が域外適用
される海外の法規の違反行為をすることを防ぐことができなかった場合，その
結果として会社に域外適用される法規で罰金が科された場合には，その会社の
損害（罰金支払いによる損害）は，取締役の内部統制整備における任務懈怠に
よる損害とされるであろう。すなわち，この場合の会社に科された罰金等は，
任務懈怠が認められる取締役が賠償すべき会社の損害となるであろう（刑法学
者は罰金の一身専属性等を理由に否定的であるが，裁判例および会社法上の学説は
会社の損害として取締役の損害賠償責任を肯定する説が多い）。

　しかし，そもそも，どうして主権の範囲を超えて他国の法律がわが国の企業
や人の行為・取引に適用されるのであろうか。

第2節　域外適用

1　域外適用の意義

　実際に，新聞記事でも，「日本企業の国内のカルテルに海外当局が罰金」，「日本企業同士のM&Aについて海外当局の審査が遅れて，M&A自体が延期」などの報道が見られる。このようなことを避ける，ないし，想定した経営をすることが必要である。これがグローバル時代のリスク・マネージメントのひとつの姿である。

　そこで，まずは，グローバル化の法的な側面における実態を，正確に認識していることが必要である。この中には，海外の国際基準や統一条約が国内法化されている場合における母法の正確な認識ということも含まれる。また，そのように国内法へ摂取されていないとしても，海外の法が直接的に国内における企業や人に適用されてくる域外適用においては，直接に海外の域外適用される法の認識が必要である。

2　域外適用の態様

(1)　狭義の域外適用

　ある国の法が，他国の主権下における行為や取引に適用・施行される場合である。

　たとえば，日本企業の国内における行為や取引に対して，外国法が適用される例や，日本企業の外国における行為や取引に対して，当該取引や行為地国以外の第三国の法が適用される場合である。すなわち，ある国の法が，その国の司法機関や行政機関によって，直接的に主権外の外国の企業や人に適用され，その結果，その法律が定める罰則や一定の法的な措置が当該企業や人に科される場合である。

　この域外適用にも，㋐その第三国の法律自体に，国外における外国企業の取引や行為自体をそもそも適用対象とする規定がある場合（明文による域外適用）と，㋑明文の規定がないにもかかわらず，法の執行にあたる外国の機関が，自国以外の国における外国企業の行為や取引に，自国法を適用する場合（執行機関による解釈上の域外適用）とがある。

⑵　広義の域外適用

　直接的に主権外の企業や人に，ある国の法律が適用されるわけではないが，その国の企業取引から排除されたり，高い関税をかけられたりする場合である。たとえば，自国の法制度を遵守しているにもかかわらず，A国の法制度の基準を充たしていない国や企業が，A国との企業取引から排除されたり，高い報復関税をかけられる場合である。この場合には，ある国の企業に直接A国の法が適用されて，何らかの法的な罰則や措置が科されるわけではない。しかし，A国の企業との取引をするためには，そのA国の基準を充たしている国または企業でなければ，A国の企業と取引できないことになったり，高い関税をかけられることになる。

　そのような例として，米国の通商法301条がある。米国は中国の知的財産侵害を認定して，ある中国製品に追加関税を課した。また，EUは，ISO等の基準を充たしていない工場での製品について，EUへの輸入を認めていない。また，イランへの米国の経済制裁も，経済制裁に反した外国企業と米国の企業との取引が規制されるという意味では，この類型に属する域外適用である。

　これらは自国の法や政策に違反したと認定した場合に，自国への輸入を制限したり，関税を課したりするというものであるので，その当該国と取引をしなければ関係がない。しかし，当該国の企業と取引が制限されるという意味では，間接的に適用されているのと異ならない効果を持つことになる。

　その他，広い意味における域外適用としては，ある国の法が，域外の国においてソフト・ローとなり，その域外の国の企業の行動が，事実上制約されるといった形で適用される場合などもある。たとえば，グローバルな金融市場・取引市場などのグローバルな市場の論理を，国内においても事実上遵守することが求められている場合なども，この例であろう。

3　域外適用の効果

　域外適用の効果には，次のような場合がありうる。㋐当該域外適用をする国に存在する域外適用の対象となった企業の資産が差し押さえられる。㋑当該域外適用の対象となった域外の国の企業の行為を行った社員や役員が，当該域外適用法規の国に入国したときに拘束される。㋒当該域外適用する国との取引が制限される。㋓協定によって域外適用される法に基づく判決が，その域外適用対象である相手先の当該企業や人の所在国でも執行できる（司法の相互扶助。

外国判決は，民訴法118条の要件を満たせば，特別の手続を必要とせずに承認されるが，これを執行するには，国内裁判所の執行判決が必要になる。執行判決訴訟において，国内の裁判所は，外国判決の当否を形式的にのみ審査する〔民事執行法24条参照〕。承認されれば外国の判決の効力がわが国にも及ぶことになる）。

　また，域外適用される法規の違反によっては，企業の社会的責任やESG投資などから問題にされることもある（ソフト・ローとしての効果）。そこで最終的には，前述のように企業の利益を守る取締役の善管注意義務としては，域外適用される法の遵守も要求されることになる。具体的には，内部統制システムやコンプライアンスにも域外適用される外国法が含まれてくる。

4　域外適用への対抗

　これらの域外適用に対して，適用された企業（ないし当該企業が属する国家）が争う途もありうる。たとえば，WTOへの提訴，自国への執行を拒否するなどである。ただし，前述のように，実際的には当該企業の活動や社員の活動が域外適用している国によって制約される（たとえば，前述のように当該国の主権の範囲内には入れない，入れば当該国に法を執行される可能性がある，外国における資産が差し押さえられる危険性もある）。とすれば，そのような危険を考慮するならば，本来そのような状況に陥ることを事前に避ける企業経営をしなければならない。

第3節　ソフト・ローの域外適用

　日本における法制度自体に対して，国際基準や特定の国の基準に照らして問題が提起される場合がある。その結果としてわが国の法改正までに至らないとしても，企業にとっては，そのような国際基準や特定国の基準を遵守しないと事実上の不利益を受けることがある。なぜならば，このような場合の多くは，企業の倫理的・社会的な責任問題が提起されるからである。とすると，それらの国際基準や特定国の基準が企業行動を事実上制約することになる。すなわち，国際基準を気にする企業では，そのような国際的な視点を無視するわけにはいかない。それは法的な制約ではないが，行為を実質的に規制するものである（ソフト・ローとして企業の行為を縛ることが出てくる…行為規範）。

　そして，さらに広くいえば，国際的な企業倫理の理解（異文化の理解）が欠

如しているということで不買運動の対象となったり，抗議運動の対象にもなり
うる。このような場合の異文化も，一種のソフト・ローとして，域外適用され
ているものといえるであろう。

　このようにソフト・ローでもリスク・マネージメントの問題を生じる場合が
ある。その意味で前述の米国ビジネス・ラウンドテーブルの提言も注目すべき
であり（前記**本編第6章第5節1節**参照）[1]，このような世界的な流れは，国際的
なソフト・ローとして注視すべきであろう。

　さらに英国はコーポレートガバナンス・コード（UK CGC）を改め，利害関
係者として従業員の声を経営に取り込むように求めている。以上に対して，日
本では従来，従業員や取引先，社会を大事にする企業文化の素地があると指摘
されていた（前記**本編第6章第4節**参照）。

　冒頭で述べたように，海外でのソフト・ローを遵守しないと，それによって
わが国の企業や人の行為について倫理的・社会的な問題が提起される場合もあ
る。結果として，国際的なソフト・ローがわが国の企業の行為を縛ることが出
てくる（最広義の意義における域外適用）。このようなソフト・ローの究極の姿は，
企業倫理や企業文化など企業の在り方自体に関する考え方であろう。

第4節　域外適用される法分野

　域外適用の法律が多い分野は，主に公正な市場経済を発展させる分野と，環
境や人権，そして個人情報に関する分野である。たとえば，前者には，独禁法
や海外腐敗防止法，後者には現代奴隷法や個人情報保護法などがある[2]。

　前者の域外適用法規には，自国の企業規制法が国際市場における自国企業の
ハンデになって，自国の企業が国際競争で不利となることを防止したいという

---

1)　ビジネス・ラウンドテーブルの提言について，「役員報酬が米国のリトマス紙…
本気かどうかは役員報酬を見る」。格差是正に正面から取り組むなら手段は二つ。社
員の賃金を上げるか，役員報酬を下げるか。JPモルガン・チェイスの独立委員会は，
①業績，②リスク管理，③顧客重視，④チームワークと指導力の四つの視点で報酬を
評価。（今回の提言で）業績評価要素が小さくなると，尺度がもっと曖昧になる。業
績が悪くなっても報酬が下がらないともなりかねない。ステークホルダーの存在が隠
れ蓑になりかねない（日本経済新聞令和元〔2019〕年10月9日7面）。
2)　隅山正敏「外国法の域外適用」SOMPO未来研レポート（損保ジャパン日本興亜
総研レポート）Vol.69（2016年）23頁（http://www.sompo-ri.co.jp/issue/quarterly/
data/qt69-2.pdf）参照（2022年1月1日閲覧）。

意図と，自国民の利益を守るという意図が認められる場合が多い。後者には環境や人権を守るという普遍的な意図が認められる場合が多い。

1　経済法の分野

　域外適用の法律が拡大しているのは，企業競争・企業結合活動などの分野である。

　この分野の域外適用でもっとも問題となるのが米国である。たとえば，米国司法省によるFCPA（Foreign Corrupt　Practices　Act：連邦海外腐敗行為防止法）の積極的な執行により，米国と関係が薄いかまったくないと思われる米国外の企業による米国領域外における行為について，FCPAが適用された事例がある。この点は罰金等が巨額なこともあって，FCPAの過度な域外適用として他国から批判された。すなわち，本来ならば，関係の薄い米国法ではなく，当該企業の設立準拠法や犯罪行為地法など，より密接な関係がある国の法における外国公務員贈賄罪法ないし贈賄罪を適用していくべきではないかというものである。

　また，米国における経済制裁が問題となることも多い。たとえば，1992年キューバ制裁（キューバ民主主義法），1996年キューバ制裁（ヘルムズ・バートン法），1996年対イラン・リビア（ダマト法），2018年対イラン原油規制などである。イランに対して米ドル取引を行った外国銀行にも高額の制裁などを科しているが，その理論的根拠は明らかではない。事実上の強国の論理である。

　近時では，中国も，その経済的な優位性を背景に域外適用の条項を持った法が多い。ただ，独自の理由がある例もある。たとえば，香港国家安全維持法38条「香港特別行政区の永住権を有しない者が，香港特別行政区外で，香港特別行政区に対して，本法が規定した犯罪を行った場合，本法を適用する」や，法整備を目指しているデータ統制（データ安全法，インターネット安全法，個人情報保護法）等における域外適用の条項などである。

2　人権・環境分野

　後者の人権侵害にかかる法令としては，まず現代奴隷法ともいわれている法令がある。たとえば，以下の法令である。

① 英国「現代奴隷法2015年」……取引先を含めて人権侵害防止の取組みの公表義務
② 米国「サプライチェーン透明法2012年」…人権侵害防止の取組みの公

表義務，2016年「貿易円滑化・貿易執行法」…米国外で強制労働や児童労働により採掘，生産された外国品の米国への輸出を規制する。

③　フランス「人権デューデリジェンス法2017年」…企業に人権侵害リスクの調査・分析義務

④　オーストラリア「現代奴隷法2018年」…一定規模以上の企業に取引先も含めて強制労働の防止策等を毎年の報告義務。サプライチェーン全体での人権保護が必要。この人権侵害がなされていないというために，企業は人権デューデリジェンスを求められている。すなわち，

　　㋐　リスクの特定と評価…サプライチェーンまでも含んで，リスクを特定し，その発生の可能性や財務的な影響を評価する

　　㋑　対策の実行と検証…評価結果に応じて優先順位をつけて，対策を立案・実行する

　　㋒　その対策を踏まえたPDCAを行う。

⑤　オランダ「児童労働デューデリジェンス法」2019年5月…オランダの消費者に商品・サービスを提供する国内外の企業に，世界中の取引先が児童労働をさせていないか調べ，当局に報告する義務を課す。疑いのある企業には，行動計画の策定・実施を義務づける。これに違反するときは，最大で責任者の禁固刑と総売上げの10％の罰金が科せられる。英国より厳しいとの意見もある。

また，人権に関する域外適用として近時多くの立法がなされているのは個人情報保護に関する法令である。

たとえば，GDPR[3]をあげることができる。わが国の企業も，EEA域内（EU28カ国＋3カ国）に拠点がある場合や，EEA域内に拠点がない場合でも，域内の個人データの処理を日本拠点で行う場合には，GDPRへの対応が必要である。

第5節　日本法の域外適用

わが国の法律でも，刑法2条にすべての者を対象にした国外犯の規定がある。たとえば刑法2条4号・148条（通貨偽造および行使の罪）は，日本国外で外国

3）　EU一般データ保護規則（General Data Protection Regulation）。2018年5月より施行されている。

人が日本の通貨を偽造した場合にも適用される規定となっている（保護主義）。

　日本法の域外適用に関しての通則は，民事法，刑事法，行政法，経済法で異なる。民事法に関しては「法の適用に関する通則法」によって，定められている。刑事法に関しては前述の国外犯の規定と，刑法3条の国民の国外犯の規定，そして刑法8条がある。それらに対して，行政法・経済法規に関しては，通則がない。

　たとえば，海外企業による海外でのカルテルについて日本の独占禁止法を域外適用できるかという問題は，実体上の管轄権と手続上の管轄権の問題に分けられる。前者は日本の独占禁止法が適用できるかという問題で，後者は日本に拠点を持たない外国企業に対し送達等の裁判手続をどのように行うかという問題である。後者の手続面については日本国内に代理権を有する弁護士等がいる場合にはその者に，それらがいない場合は民事訴訟法108条により大使や領事に嘱託するなどの方法がとられる。

　実体上の管轄権については大きく分けて4つの考え方が存在する。

① 属地主義…日本の国内で行われた行為に対してのみ適用するとする説
② 客観的属地主義…行為の一部が日本国内で行われていれば適用できるとする説
③ 効果主義…行為の効果が日本の市場に直接的・実質的な効果・影響を与える場合に適用するとする説
④ 修正効果主義…属地を基本としつつ効果を加味する説で，外国行為者が国外で行為をして，その効果が国内でも生じるときには日本法を適用する説

　①の属地主義は基本的に域外適用を否定する。②の客観的属地主義は一部でも日本で行為が行われたら適用するという説で，法の適用範囲を拡張している。③の効果主義は日本で裁判例がある。それは国際カルテルへの課徴金を認める最高裁の初判断である（最判平成29年12月12日民集71巻10号1958頁）。日本国外で合意された価格カルテルに日本の独占禁止法を適用して公正取引委員会が課徴金納付を命じられるかが争われた訴訟で，「カルテルによって競争が侵害される市場に日本が含まれる場合，日本の経済秩序を侵害する」とし，「日本国内市場の自由競争が損なわれる場合，国外のカルテルでも日本の独占禁止法を適用できる」として課徴金を認める初判断を示した。市場への影響を理由に，その適用範囲を拡張している。

第6節　統一条約と国際基準

　ハード・ローとしての域外適用はもちろん，ソフト・ローとしての域外適用や，企業倫理について，各国がそれぞれ独自の基準を持っていることは，前述のように国際的に法務摩擦を生じさせ，市場を混乱させることになる。そこで，このような域外適用による混乱を防止するために，国際標準などを設けたり，さらには統一条約を成立させることもありうる。特に世界的な市場で事業を営む企業としては，それぞれの事業を営む国における基準を遵守するために，複数のそれぞれ異なる基準を遵守せざるをえないことは望ましいことではない。そのような事態を避けるためには，各国の基準を平準化した国際基準の制定や，統一条約の制定・批准といったことが求められる。

　そのような基準ができない場合にも，各国がそれぞれ自国法の内容・基準を，なるべく国際的な平準化という一定の幅の中に収まるようにするならば，企業としても，それぞれの基準を遵守するに際しての手間と時間をかなり省くことができるようになる。そこで，域外適用が設けられる一定の分野では，各国が類似した規定を立法化する現象がある。

　また，ソフト・ローなどについても，同じような意味で世界的な平準化が求められている（コーポレートガバナンス・コードなどのソフト・ローについて，わが国でも積極的な採用が提言されているが，その内容について必ずしも一致しているわけではない）。

　このように域外適用される各国の法が競合する場合には，それぞれの当局間における協議によって解決することが望ましいが，関係当局間における処罰の著しい不均衡は，協議・協力体制を構築する上で障害となっている。その点で，わが国については一般的に処罰が軽いという批判がある。ただ，わが国の独占禁止法や金融商品取引法でも，違法行為に対する制裁としての刑事罰と，行政罰としての課徴金を併用する法制が導入されている。そして，外国公務員への贈賄については，不正競争防止法においても，刑事罰と行政罰（課徴金）を併用する制裁の在り方を検討することが必要であろう。

コラム10

国際会計基準

　会計基準とは企業が決算書などを作成する際のルールで，日本企業が採用
している基準には，国際財務報告基準（IFRS〔ロンドンを拠点とする国際会
計基準委員会（IASC）〕によって制定された国際的な会計報告の基準），米国
会計基準，日本基準等が併存している。そのうち国際財務報告基準は2005
年頃から世界的に広がり，多くの国で積極的な導入が行われている。日本で
も一時，平成27（2015）年からIFRSの強制適用を行うという方針が行政に
より示されたこともあった（導入・運用コストなどから見送られた）。

　しかし，米国や日本では自国基準とIFRSとの差異を縮小化して，お互いの
会計基準による財務諸表などの比較が容易な会計基準にしようとしている
（「コンバージェンス」）。

第2編

商法総則：総論

第1章

総　説

　本書では，ここから商法の第1編「総則」所定の諸制度・規定を具体的に取り扱うことになる。総則編には，下記のとおり「通則」，「商人」，「商業登記」，「商号」，「商業帳簿」，「商業使用人」，「代理商」の各章が規定されている。「通則」を除き，それぞれの規制の趣旨・具体的内容などは，本書**第3編**で取り扱うことになるが，その前に，本編では全体を通観しておこう。ここからは，直接的には，狭義の企業法を視野に入れることになる。

〔商法〕
　　第1編　総則
　　　　第1章　通則
　　　　第2章　商人
　　　　第3章　商業登記
　　　　第4章　商号
　　　　第5章　商業帳簿
　　　　第6章　商業使用人
　　　　第7章　代理商
　　第2編　商行為
　　　　第1章　総則
　　　　（以下略）
　　第3編　海商
　　　　（以下略）

　後述するように（本編**第2章第2節**参照），商法総則編所定の規制は，平成17年会社法制定の際に，会社法総則編にも同旨の規制が置かれた。そしてこれらの規制は，最狭義の企業法を構成する企業組織法（前記コラム1参照）の最も基本と位置づけられる規制である[1]。

　商法総則編所定の規制は，最も原始的・単純な企業形態であり，かつ，多様
な企業組織のうちで最も財産的規模の小さな「個人企業（次章以下では，個人
商人という）」に適用されることをイメージしてよい規制である。そうした企
業形態であっても，私的所有の論理（縦糸としての論理）をベースとしつつ，
それが社会において計画的に同種の行為を反復継続していく存在であることに
着目した規制（横糸としての論理）を置いているわけである。ただし，こうし
た個人企業も視野に入れている商法総則編のレベルでは，企業の社会的責任論
や国際化，域外適用といった問題は縁遠いものとなる。そうした意味で，自然
人1人が組織する個人企業にも適用されることをイメージしてよい商法総則編
の規制は，出資者が多くなったり，財産的規模が大きくなったりしている種々
の企業形態に対するものも含む諸規制の最も基本を形成するものといえる。
　つまり，商法総則編（および会社法総則編）は，最狭義の企業法を理解する
ための出発点ということができる（実際の学習の順序という意味ではない）。

　第2章では，総則編の各章が定める諸制度を関連づけて，いかなる規制が定
められているのかのイメージをもってもらいたい。また，商法総則を学ぶこと
は会社法総則を学ぶことでもあるということを，規制の形式面から確認しても
らいたい。
　第3章では，商法全体に視野を広げるが，本書第1編よりも形式的な側面に
重点をおく。

1)　実質的意義における商法とは何かという議論における企業法説とは異なる「企業
　法」の意義（本書第1編）については，永井和之『基礎理論　商法』（法研出版，
　1990年），また木内宜彦『木内宜彦論文集2　企業法学の理論』（新青出版，1996年）
　も参照。

第2章

商法総則編の内容

第1節　商法総則編所定の制度

　まずは「商人」をイメージすることが重要である。ここでは日常用語としての商人でよい。衣料品の販売店でも自転車屋さんでもクリーニング屋さんでもラーメン屋さんでもよい（クリーニング屋さんやラーメン屋さんを想起すれば分かるように，商人は必ずしも「物の売買」を行っている者に限られない）。そうすると個人商人をイメージするかもしれないが，会社形態でそれらのお店が営まれていることも多い。「商人」には会社も含むわけである。

　商人は，商品を販売するとか，サービスを提供するとか，持ち込まれた物を修理・修繕するとか，ともかく同種の行為（複数でもよい）を反復継続して行っている。そしてその目的は営利である（いわゆるお金儲けだが，もちろん暴利をむさぼるという意味ではない）。つまり，営利を目的として，同種の行為を反復継続して行い，自らの活動を省みながら新たな試み（この商品は評判が芳しくないので別の商品を仕入れよう，など）を模索しつづけていく，そうした活動を日々行っているわけである。これを，講学上「営業活動」という。営業活動を継続的に行うには，それを可能とするだけの財産が必要であり，講学上「営業財産」という。商人は，営利を目的として，営業財産を使って営業活動を行っているわけである（①商人と営業活動・営業財産との結びつき）。

　目を転じると，商人自身には，営業活動のほか，それとは関係のない個人生活上の活動もある（会社には個人生活はないので[1]，これは個人商人の話である）。ラーメン屋の主人も，自分や家族の衣服・食料・住居を確保したり，趣味にお金を投じたりするが，これはラーメン屋営業とは関係がない。他人と取引をするときでも，個人生活上の取引をするときは（たとえば自宅を購入するとき），自分の氏名（戸籍上の氏名）で契約を行うのがふつうである（重要な契約を締結

---

　1)　ただし，コラム13も参照。

するときは，相手方から戸籍抄本や印鑑証明書などの提出を求められることもあろう）。しかし，自分の氏名以外の名称を用いて取引をしてもかまわない。要は，取引の相手方にとって，その名称が権利義務の主体として誰を指すのかを特定できればよいわけである（もちろん，相手がそれを認めての話だが）[2]。商人も同様であり，たとえば仕入先から原材料を購入するなど各種の取引を行う際も，営業活動上の名称を自由に定めて，それを使うことができる（戸籍上のAさんがB商店という名称を使うなど）。商人にとって信用が大事だから，同じ名称を使い続けるであろう。商人が，営業活動上，自己を表示するために用いる名称を「商号」という（もちろん，戸籍上の氏名と同じでもかまわない）。裏からいえば，商号は名称ゆえ，その他の者からみれば，商号には特定の商人（権利義務の主体）を指し示す機能があるといえる（②商人と商号との結びつき）。

　また，日常的に取引をしている相手方が「株式会社中央経済社」という商号に接すれば，権利義務の主体としての会社を想起するかもしれない。しかし，一般的には，「ああ，いい本を出版している会社よね」といったように，その営業活動を思い浮かべることの方が多いかもしれない。あるいは「財政的に盤石な会社だ」と思うかもしれない。つまり，商号は，特定の商人を指し示す機能があるのはもちろんだが（上記②），その営業活動や営業財産を想起させる機能ももっているわけである（③商号と営業活動・営業財産との結びつき）[3]。

　商人は，営業財産を使いつつ，商号をもって営業活動を行っている。ただ，商法に営業財産・営業活動の語はなく，「業とする（しない）」とか「営業」という語しかない。そこで，営業財産・営業活動をまとめて「営業」と表現するとすれば，商人・商号・営業は三位一体の関係にあるわけである（上記①②③）。ただし，商法は私法であって，権利義務の主体が出発点であるから，あくまで「商人」が中心であって，商人の営業活動上の名称が「商号」，商人の営業財産および営業活動が「営業」である。もっとも，総則編には，「商人」（総則編第2章，本編第3章1節・第3編第1章），「商号」（総則編第4章，本書第3編第2章）の章はおかれているが，「営業」についての独立の章はない（本書第3編第3章・4章）。

2）　権利義務が帰属するのは，あくまでその主体であって，名称に帰属するわけではない。

3）　「商号は，法律上は特定の営業につき特定の商人を表わす名称であり，社会的には当該営業の同一性を表示し，その信用の標的となる機能をいとなむものである」（最判昭和43年6月13日民集22巻6号1171頁）。

　さて，商人を中心としつつ，商号・営業が密接な関係にあるものとしたうえで，総則編はそれらに関連する法規制をおいている。ⓐ商人の営業活動の成果や営業財産の状況を数字で表すための規制が「商業帳簿」の規制である（総則編第5章，本書第3編第5章）。企業会計規制は利害関係者にその成果・状況を開示させるための規制であり，総則編の規制に限ればその意義は小さい[4]。次に，ⓑ商人が営業活動を拡大していく局面における規制がある。ⓑ-1　まずは自分1人で活動することを補うために使用人（労働者）を雇うとして，雇用の側面での法規制は民法・労働法に委ねられる。商法として問題になってくるのは，一定の使用人に代理権（しかも民法にはない規制を加えるべき代理権）を認める場合である。そうした代理権を認めるべき使用人についての規制が「商業使用人」である（総則編第6章，本書第3編第6章）。ⓑ-2　そして，歴史的には，行商に出た商業使用人が一定の場所に定住して，やがてその地で独立した商人になっていくことがあった。その場合になお継続的に以前の雇用主である商人と一定の関係を保っている場合もあり（これは雇用関係ではなく，独立した商人どうしの関係となる），両者の法律関係を規制する必要が生じた。これに淵源をもつ規制が「代理商」の規制である（総則編第7章，本書第3編第7章）。最後に，ⓒ商人の一定の情報を社会一般に公示する国家のシステムとして，「商業登記」がある。登記の手続などは商業登記法（これは公法に属する）に委ねられるが，何を登記するのか（登記事項），登記をしたらどのような私法上の効力が認められるかといったことを商法が定める（総則編第3章，本書第3編第8章）。

　「商法第1編総則」は，以上のような規制で構成されている。

第2節　会社法総則編との関係

　現在の「会社法」の内容は，平成17（2005）年商法改正まで，「商法第2編会社」で規制されていた（コラム3参照）。したがって，会社には商法第1編総則の規制が当然に適用されていたわけである。この第2編が，平成17年に商法からいわば独立して「会社法」として新たな法律として制定された際，「商法第1編総則」の内容の多くが，「会社法第1編総則」にも規定されることに

　4）　企業会計規制は会社法では非常に重要である。

図表1■商法総則編の規定と会社法

商法（編名）		商法（条文見出し）	会社法（条文見出し）
通則	1	趣旨等	－（商法1）
	2	公法人の商行為	－
	3	一方的商行為	－（商法3）
商人	4	定義	－（商法4Ⅰ）
	5	未成年者登記	－
	6	後見人登記	－
	7	小商人	－
商業登記	8	通則	907　通則
	9	登記の効力	908　登記の効力
	10	変更の登記及び消滅の登記	909　変更の登記及び消滅の登記
商号	11	商号の選定	6　商号（27①,911Ⅲ①など）
	12	他の商人と誤認させる　名称等の使用の禁止	7，8　会社と誤認させる　名称等の使用の禁止
	13	過料	978Ⅲ
	14	自己の商号を他人に許諾した　商人の責任	9　自己の商号を他人に許諾した　会社の責任
	15	商号の譲渡	－
	16	営業譲渡人の競業の禁止	21　譲渡会社の競業の禁止
	17	譲渡人の商号を使用した　譲受人の責任等	22　譲渡会社の商号を使用した　譲受会社の責任等
	18	譲受人による債務の引受け	23　譲渡会社による債務の引受け
	18の2	詐害営業譲渡に係る　譲受人に対する債務の履行の請求	23の2　詐害事業譲渡に係る　譲受会社に対する債務の履行の請求
		←　24　商人との間での事業の譲渡又は譲受け	
商業帳簿	19		(431～,614～)
商業使用人	20	支配人	10　支配人
	21	支配人の代理権	11　支配人の代理権
	22	支配人の登記	918　支配人の登記
	23	支配人の競業の禁止	12　支配人の競業の禁止
	24	表見支配人	13　表見支配人
	25	ある種類又は特定の事項の　委任を受けた使用人	14　ある種類又は特定の事項の　委任を受けた使用人
	26	物品の販売等を目的とする　店舗の使用人	15　物品の販売等を目的とする　店舗の使用人
代理商	27	通知義務	16　通知義務
	28	代理商の競業の禁止	17　代理商の競業の禁止
	29	通知を受ける権限	18　通知を受ける権限
	30	契約の解除	19　契約の解除
	31	代理商の留置権	20　代理商の留置権

なった。現在，商法には，総則編第4章以下の規定は会社には適用されない旨が明示されており（11条1項かっこ書），その代わり会社法総則編に同旨の規制がおかれている。また，商法総則編第3章の規定も会社に適用されないが（8〜10条は「この編の規定により登記すべき（した）事項」と規定している），会社法第7編第4章に同旨の規定がおかれている。

　会社法第1編総則には「通則」（この内容は，商法総則編の「通則」と異なる），「会社の商号」，「会社の使用人等」（その第1節は「会社の使用人」，第2節は「会社の代理商」），「事業の譲渡をした場合の競業の禁止等」の各章が規定されている（商法総則編の「商号」の章の内容は，会社法では「会社の商号」と「事業の譲渡をした場合の競業の禁止等」の章に分かれている）。つまり，商法総則編の「通則」，「商人」，「商業帳簿」を除き，商法総則編とほぼ同旨の規制が会社法にもおかれているのである（図表1参照）。

　このように，商法総則を学ぶことは，会社法総則を学ぶということでもある。上記第1節で述べたことは，会社にもあてはまる。会社法は，「営業」という語を「事業」に置き換えているので[5]，会社・商号・事業が三位一体の関係である。そして，商業使用人・代理商の規制があり，（会社法総則編ではないが）登記の規制がある。

　なお，会社は未成年者にも被後見人にもなりえないし，小商人（こしょうにん）の規定も適用されないから（第3編第1章第1節3参照），5条〜7条の適用の余地はない。会社は公法人ではないから2条の適用の余地もなく，4条2項も同様である（コラム12参照）。会社法は商法の特別法であるが，結局，会社に適用される商法総則編の規定は1条・3条・4条1項しかないことになる（4条1項についてはコラム13参照）。

第3節　外観信頼保護規定

　私法上の法律関係は，あくまで真実の法律関係を基礎として，その上に新たな法律関係が形成されていくのが原則である。そこでは，真実でない法律関係に基づいて何らかの法律行為が行われても，当該行為の効力は無効である。たとえば，Aから代理権を授与されていないBが，Aの代理人と称してCと取引

　5）　ただ，会社法にも「営業時間」，（一定の者についての）「営業所」という語は残っている。

をしても，当該取引（代理行為らしき行為）は無効である（当該取引の法律効果
は，A－C間にはもちろん，B－C間にも発生しない）。厳密には，Aにとっても
Cにとっても効果不帰属ということである[6]。

　しかし，資本主義経済社会が発展し，社会で行われる取引が活発になるよう
に促すことが重要視されてくると，真実の法律関係に基づかない法律行為で
あっても必ずしも無効としないというしくみが政策的に要請されてくる。真実
の法律関係を綿密に調査して確認してからでないと安心して取引ができないと
いうのでは，取引の迅速性を害し，取引を活発にしていくことにならないから
である。そのためのひとつの対応として，「真実の法律関係とは異なるが真実
であるかのようにみえる外観」があり，「それを真実と信頼して（それは誤認な
のだが）」取引をした者を保護する，つまり当該取引を有効とするという規制
が加えられるようになった。本来なら無効となるはずであるところ，例外的に
有効と取り扱う（取引安全を図ることで取引の迅速性を確保する）という規制で
ある。

　こうした規制は，民法にも各所でバラバラと規制されている。たとえば，真
実はAの代理人ではないのに代理人のようにみえるBを，Aの代理人と信じて
（誤認して）Cが取引をした場合，当該取引においてはBがAの代理人であっ
たのと同様に取り扱い，当該取引を有効とする（A－C間に法律効果が生じる）
という表見代理の規定がある（民109条・110条・112条）。ただ，このとき，A
にとっては不意打ち的に法律関係が生じてしまうことになるので，Aの利益に
も配慮する必要がある。つまり，当該取引を有効と取り扱うためには，BがA
の代理人であるかの外観が生じたことにはAにも原因があった，ということも
必要とされる。

　商法・会社法にも同趣旨の規定が各所にバラバラとおかれている。こうした
諸規定には，それらに通底する一般的な考え方（法理）があるとみて，これを
理論化することが行われてきた。この法理ないし理論を，権利外観理論（外観
理論，外観法理，表見法理，表見理論，外観主義などさまざまに呼ばれる）とい
う[7]。本書では，この法理に趣旨を求められ，真実の法律関係に反する一定の

---

[6]　本書の対象は商法であるから，第3編第1章第1節2の箇所を除き，「代理」と
いう場合，任意代理を念頭においている（つまり法定代理を除く）。
[7]　明治29年民法制定に際して表見代理の規定が定められたのは，スイス法・ドイツ
法・フランス法等にならったものとされる。また，権利外観理論と同趣旨の法理とし
て，英米法の体系を前提とした禁反言の法理があげられる。大陸法・英米法いずれの

行為を有効と取り扱う規定などを「外観信頼保護規定」という（コラム11参照）。

　さまざまな外観信頼保護規定に共通する要件としては，上記の三つがあげられる。つまり，①真実の法律関係と異なる外観があること（外観の存在)[8]，②この規定が適用されれば不利益を受ける者に，当該外観が生じたことについて何らかの原因があること（その者に不利益になってもいたしかたないだけの事情があること，外観作出への与因・帰責事由)[9]，③この規定により保護される者は，当該外観を真実の法律関係を示すものと信頼して一定の法律関係を結んだ者（あるいは一定の行為をした者）であること（その者に法的保護に値するだけの事情があること，外観への信頼・保護事由)[10]である。

　ただし，外観信頼保護規定は，それぞれの局面に応じて民商法各所にバラバラと規定されているのであって，この三つの要件以外にそれぞれに特有の要件が定められていることも多い。趣旨が外観信頼保護だからといって，具体的な条文の要件がこの三つに限られると即断しないように注意しなければならないし，上記①②③の内容も各条文に則して具体的に理解する必要がある。また，①②③の要件が充たされるかどうかの判断は，実際の個別具体的な事例においては相関的に判断される。ある特定の事実を法的に評価する際に，①外観の成立に結びつくことも，②帰責事由・③保護事由があるということに結びつくこともある。また，①外観の程度が強い場合は，②帰責事由も③保護事由も認められやすくなろう。①②③は抽象的には個別の要件と整理してよいが，具体的に実際の事例への適用の有無を判断する場合は関連しあうということである。

コラム11

種々の外観信頼保護規定

　商法上の外観信頼保護規定の多くは，昭和13年商法改正において新設された。

和法体系においても，同趣旨の規制が必要とされてきたわけである。現在，日本法の規制（外観信頼保護規定）の趣旨として，権利外観理論と禁反言の法理の両方があげられることが多い。

8)　本文の例でいえば，Cにとって，BがAの代理人であるようにみえることである。

9)　本文の例でいえば，CにとってBがAの代理人とみえたことについて，Aが不利益を負ってもしかたないといえるくらいの何らかの原因があったことである。

10)　本文の例でいえば，BをAの代理人と信頼するのも無理からぬ事情が，Cに認められることである。

　まず，本文に記したように，①その適用によって一定の取引を有効と取り扱う規定が含まれる（24条，会社13条・354条・421条，本書第3編第6章第2節5参照）。取引をした者を保護する最大の手段は，当該取引を有効と取り扱うことである。その者は取引が有効であることを前提として取引をしたのだからである。同様に，②真実の債権者でない者にした弁済であっても，それを有効とする規定がある（17条4項，会社22条4項，本書第3編第4章第5節4参照）。

　一定の行為を有効とするこれらの規定のほかにも，③取引相手方に誤認を生ぜしめた者に一定の弁済責任を負わせる規制があり（14条，会社9条，本書第3編第2章第6節参照，その他に会社588条・589条），また，保護される者の主観的態様を問わない規定として，④自らがした行為（債務引受けの広告）どおりの弁済責任を負わせる規定（18条1項，会社23条1項，本書第3編第4章第5節2(2)参照）があり，⑤株式会社の設立規制には，疑似発起人を発起人とみなして一定の責任を負わせる規定（会社103条4項）がある。

　さらに，登記を外観のひとつと捉えるなら，⑥不実登記の私法上の効力を定める規定（9条2項，会社908条2項）も基本は同趣旨の規定といえるし（本書第3編第8章第4節2参照），⑦持分会社の規制には，登記をもとに，社員でなくなった者に一定の弁済責任を負わせる規定がある（会社586条・612条）。

　なお，⑧17条1項・会社22条1項を外観信頼保護という趣旨だけで説明できるか（あるいは外観信頼保護規定ではないと位置づけるか）には争いがある（コラム27参照）。

第3章

商法の適用範囲－商人・商行為概念

第1節　商人概念と商行為概念との関係

　商法は何について定めているかという点について，企業法という視点（コラム1参照）とは別に，具体的事例における法の適用という視点からは，商法の適用範囲を画しておくこと（とりわけ民法が適用されるのか商法が適用されるのかが明確であること）は最重要である。このための概念が，「商人」概念と「商行為」概念である（図表2参照）。

　4条は「商人」の定義規定である。まず，その1項では，「自己の名をもって」「商行為をすることを」「業とする」「者」と定義している。「自己の名をもって」とは「自らが権利義務の主体となることを意図して」という意味であり，「業とする」とは「営利の目的をもって計画的に同種の行為を反復継続して行うこと」である[1]。「者」とは権利義務の主体であること（つまり，自然人または法人）を指している。では，「商行為をすること」というのは何か。

　「商行為」概念は商行為編第1章に定められているが（501条～503条），そのうち4条1項に規定されている「商行為」は，501条・502条が定める商行為である（会社についてはコラム13参照）。501条には4つの絶対的商行為，502条には13の営業的商行為が列挙されている（絶対的商行為・営業的商行為の意義や具体的な内容は，後記本章第4節2・3参照）。つまり，「自己の名をもって」「501条・502条に列挙されている商行為をすることを」「業とする」「者」が，4条1項が定める「商人」であるわけである（「固有の商人」という）。

　このように，「固有の商人」は，「商行為」概念が定められていることを前提として，そこから導かれる概念である（商行為〔法〕主義・客観主義）[2]。商行

---

1)　この「営利の目的」は，収支の差額を利得する意思（投機意思・営利意思）までなくてもよく，収支相償うことを意図するものであればよいとされる（通説）。個々の行為について必要なわけではなく，反復継続して行う行為の全体について営利の目的があればよい。また，他の目的（たとえば，公益的・政治的・宗教的目的）が併存していてもよい。

為には商法所定の「商行為についての規定」が適用されるし，商人には「商人についての規定」が適用される[3]。そこで，その適用範囲を明確にするため，501条・502条に列挙されている商行為は，限定列挙（例示列挙ではない）と解されている。

ところが，時代が進むと，こうした商行為概念の限定列挙による商法の適用範囲の確定（明治32〔1899〕年の商法制定時以来）だけでは不十分とされるようになった。そこで，昭和13（1938）年の商法改正は，商行為概念を前提としない商人概念を規定するに至った。それが4条2項が定める商人概念である（「擬制商人」という，コラム12参照）。「固有の商人」ではないが商法を適用した方がよいと評価される者を，「商人」概念に取り込んだわけである。

そして，「固有の商人」，「擬制商人」が，「その営業のためにする行為」も商行為とされる（たとえば，営業活動のためにあらたに金融機関から金銭を借り入れる行為など）。その旨を503条1項が定めており，「附属的商行為」という（後記**本章第4節4参照**）。「固有の商人」が「営業として行う行為」は501条・502条列挙のいずれかの行為に該当するから，当然「商行為」である。そして「営業のためにする行為」も同様に「商行為」とすることが妥当とされ，商法制定時からそう規定されていた（つまり制定時は「固有の商人」の「営業のためにする行為」についての規定だったが，昭和13〔1938〕年改正により，「擬制商人」の「営業のためにする行為」も附属的商行為とされるようになった）。

「商人」と「附属的商行為」の関係をみてみると，「附属的商行為」は，「商人」概念を前提として，そこから導かれている（商人〔法〕主義・主観主義）。とりわけ，擬制商人は商行為概念を前提としない商人概念であるから，そこから商行為概念が導かれる関係は，明らかな商人主義である。つまり，現在の商法の適用範囲を画する商人概念と商行為概念との関係は，商行為主義による側面と商人主義による側面がある（折衷主義）。商法は，「商人の法」とも「商行

2）　絶対的商行為・営業的商行為は，商人概念を導く概念であることから，一括して「基本的商行為」とまとめられることもある。それに対応して，本文後述の附属的商行為は「補助的商行為」と呼ばれることがある。それとは別に，営業的商行為・附属的商行為は商人概念と結びついて商行為となるものであることから，絶対的商行為に対して，相対的商行為とまとめられることもある。

3）　商行為編第4章以下や海商編では，特定の商人につき，「営業者」，「仲立人」，「問屋（準問屋）」，「運送取扱人」，「運送人」，「場屋営業者」，「倉庫営業者」と表記される。

図表2■商人・商行為

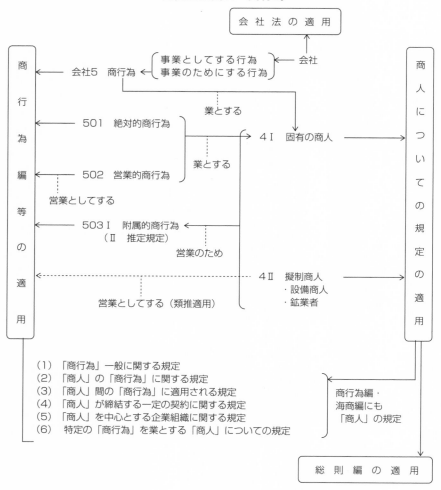

為の法」ともいえず，「商人と商行為の法」というしかないわけである[4]。

　なお，「擬制商人」が「営業として行う行為」が商行為とされる根拠規定は
ないが，これに「商行為についての規定」が適用されないというのは均衡を失

している。その類推適用が認められるべきであろう。

コラム12

擬制商人

　４条２項は，擬制商人として二種のものを定める。第一に，「店舗その他こ
れに類似する設備によって物品を販売することを業とする者」（設備商人）と
は，たとえば，自ら育てて収穫した農産物を販売する者である。たとえ営利
の目的で農産物を販売することを反復継続しても，他から有償取得した物（動
産）でないから絶対的商行為とならず（農産物の原始取得であるから，後記
本章第４節２の投機購買・実行購買にあたらない），固有の商人とならない。
しかし，農産物を購入する者からすれば，販売者が他から購入した物を売っ
ているのか，その者が育てた物を売っているのかの区別はつかない。一般的
に区別がつきにくい「店舗その他これに類似する設備」において販売業を行
う者は，固有の商人と同様に取り扱うのが妥当とされた。

　第二に「鉱業を営む者」（鉱業者）があげられる。鉱業者も，原始取得した
鉱物を製錬・販売する者ゆえ絶対的商行為にあたらず，固有の商人にならな
い。しかし，鉱業は，通常，大規模な資本・設備を必要とする産業であり，
営利の目的があることとともにその規模に着目して擬制商人とされた。

　いずれについても会社なら「固有の商人」であると解されるので（**コラム
13**参照），会社に４条２項が適用される余地はない。

コラム13

会社は商人か

　平成17年制定会社法は，会社が「事業としてする行為」および「事業のた
めにする行為」は商行為とするという規定をおいた（会社５条）[5]。４条１項
は「商行為を業とする者」を商人（固有の商人）としているから，会社はこ

5）「資産の流動化に関する法律」14条１項は特定目的会社につき，「投資信託及び投
　　資法人に関する法律」63条の２第１項は投資法人につき，同旨の規定をおく。そのう
　　えで，それぞれの２項は，商法総則編の商号規制（11条～15条）および商業帳簿の規
　　定（19条）を適用除外としている（商号について，それぞれ15条・64条，計算等につ
　　いて98条以下・128条以下に独自の規定をおく）。

れに該当することになる。この４条１項のほか，総則編には会社にも適用されるべき１条・３条があるし（前記**第２章第２節**参照），「商人についての規定」は商行為編にも定められているため[6]，これらの規定が適用されるためには会社も商人である必要がある。現在のところ，会社は固有の商人と位置づけるほかないであろう（最判平成20年２月22日民集62巻２号576頁）。会社が「事業としてする行為」が商行為とされるため，それには商行為についての規定が適用されるとともに，会社は固有の商人となるというわけである。つまり，固有の商人には，「自己の名をもって」「事業としてする行為（会社５条により商行為）をすることを」「業とする」「者」として，会社も含むと解される[7] [8]。

　他方，そうなると，会社が「事業のためにする行為」は，会社法５条により商行為とされるとともに，固有の商人の附属的商行為（503条）ともなりそうである（上記最判は，503条２項の「営業」は会社の「事業」と同義であるとも判示した）。商行為についての規定が適用されるための道筋が２本ありそうにみえるが，商法１条１項は，商法の適用は「他の法律に特別の定めがあるものを除く」としているので，503条１項は適用されない。上記最判は，商人である会社の「事業のためにする行為」は503条１項にはあたらないが，503条２項は適用されるとしたものであろう（ただし，会社が事業のためでもない行為をすることがあるのかという点は争いがある[9]）。

　ともあれ，現在のところ，総則編１条・３条および商行為編・海商編が規

---

6)　前掲注３）も参照。
7)　前掲注５）の特定目的会社・投資法人も同様であろう。固有の商人だから基本的に商法は適用されるが，会社ではないから，会社法が当然に適用されることにはならない。なお，「自己の名をもって商行為をすることを業とする者」と「会社」を区別して規定している立法例もあるが（商工会法２条，商工会議所法７条１項），それらの条文も，擬制商人も含めて「商人」を網羅的に規定しているものともいえる。
8)　商行為概念に基づいて固有の商人とされるから商行為主義によるものといえるが，会社という主体から商行為概念が導かれているという点を取り出せば，商人主義に類似した方式である。自然人が商人とされる規制とは論理の道筋が異なっており，端的に会社は商人であるとの規定を会社法に置くべきとする立法論もある。
9)　本文の最判平成20年と同様，会社の行為には「事業としてする行為」でも「事業のためにする行為」でもない行為があるとする見解がある。典型的には，剰余金の配当など株主に対する組織法的行為があげられるが，これも「事業のためにする行為」と位置づける反対説もある。しかしともかくも，実態は個人企業のような株式会社も存在する以上，きわめて例外的なケースに限られようが，特殊な事案の妥当な解決のために会社にも503条２項の適用の余地を残しておくことは，いたしかたないことであろう。

定する「商人についての規定」が会社にも適用されるためには，上記のよう
に解し，理論的には，会社法は，民法の特別法である商法の，そのまた特別
法（会社法は，固有の商人の一種である会社に適用される法）であると位置
づけるほかないであろう。

第2節　通　則

1　趣旨等（1条）

　1条は，商法は「商事」について定めている旨を示しているが，同時に「商
事」について適用される法規範は商法に限らない旨も明らかにしている。「商
事」とは，商法が規律の対象としている生活関係の全体を意味するものとも捉
えられてきたが，いずれにせよこれを積極的に厳密に定義することはできない
だろう。

　国内法化の手続なく適用される条約は（商事に関するものは「商事条約」とも
いわれる），法律に優先する（憲98条2項参照）[10]。そのうえで，商事に関する
「特別の定め」をおく法律（「商事特別法」ともいわれる）は，商法を補充・変更
している点に関して優先的に適用される（1条1項）[11]。同条2項は，商事に
関して，以上に定めがない場合，商慣習，民法の順序で法規範が適用されるこ
とを定める。「商慣習」は，平成17（2005）年商法改正前の「商慣習法」と区
別して捉える必要はないと解される（法の適用に関する通則法3条参照）。そして，
商慣習は商法の任意規定には優先すると解される（民92条参照）。商法は民法の
特別法であるから，最終的には民法の適用が予定されている（ただし，後記本
章第3節参照）。

　なお，このほか，会社や各種団体が自主的に定める規則等や広く用いられて
いる普通取引約款なども存在する（「商事自治法」ともいわれる）。法に基づいて
作成される，会社の定款や金融商品取引所・商品取引所の業務規程などは，強
行法規に反しない限り，優先的に適用される。しかし，法に基づかない，手形
交換所の手形交換規則など，あるいは普通取引約款などについては，その法的

---

10)　代表的な商事条約として，「国際航空運送についてのある規則の統一に関する条
　　約（モントリオール条約）」，「国際物品売買に関する国際連合条約（ウィーン売買条
　　約）」などがあげられる。
11)　会社法がその代表例といえるが，そのほかにも，不正競争防止法，金融商品取引
　　法，銀行法，保険法，保険業法，国際海上物品運送法など数多い。

拘束力をめぐって議論がある。

2　公法人の商行為（2条）

　公法人も商行為を行うことはあるが（都営地下鉄，市営住宅など），その場合，他の法令に別段の定めがあるときには商法に優先してそちらが適用される旨を確認しているのが2条である。なお，公法人が商人として取り扱われる場合でも，それぞれを規律する法律において規定されるから，5条以下の総則編の規定が適用されることはないと思われる（商行為編・海商編の適用はありうる）。

　公法人の商行為については，さらに本書第3編第1章第1節4参照。

3　一方的商行為（3条）・双方的商行為

　3条1項は，取引当事者の一方にとっては商行為でなくとも，他方にとって商行為であれば（こうした取引を「一方的商行為」という），民法ではなく商法が適用される旨を定める。一方には民法が，他方には商法が適用されるというのでは，法律関係が混乱するからである。たとえば小売商と一般顧客との取引があげられるし，一方が会社であれば当然これにあたる。ただし，たとえば521条は商人間の双方的商行為（取引当事者の双方にとって商行為である取引，たとえば小売商と卸売商との取引があげられる）であることを要件としているので，一方的商行為には適用されない。このように，商行為編の規定は条文ごとに要件が異なることに注意する必要がある（コラム14も参照）。

　双方的商行為に「商行為についての規定」が適用されることはいうまでもない。

　3条2項は，当事者の一方が複数であって，その1人にとって商行為である場合，他の者にとって商行為でなくとも，全員について商法が適用されると定める。たとえば，A（商人）とB（商人でない）とが，Aの営業のためにC（商人）から金銭を借り入れた場合，民法589条1項ではなく商法511条1項・513条1項が適用されて，CにはA・Bに対する利息支払請求権が発生する。

第3節　民法との関係

　商法は民法の特別法と位置づけられている。商法は，私法として，企業関係に特有の私的利益の調整を図る法だが，①そのベースには民法規制がある（権

利能力概念でも代理規制でも契約規制でも，商法が民法と別に一から定めているわけではない）。しかし，もう少し踏み込んでみると，民法と商法との関係はどのようなものであろうか。

　①とは別に，商法に規定がある場合をみてみると，まず，②商法の個々の規定が，民法の個々の規定を補充したり新たな内容を追加している場合や，③民法の個々の規定の内容を変更している場合がある（コラム14参照）。そのほか，④民法上の制度の特殊化された形態を商法上の制度として規定している場合[12)]，⑤民法に存在しない特殊な制度を規定している場合[13)]がある。法の適用関係からいうと，①②④の場合は，商法は民法の規定も適用されることを前提としており，⑤の場合は対応する民法の個々の規定はないから，その商法の条文に関して，民法の適用の余地は基本的にはない。③の場合について，民法規定の適用を排除して，商法規定が適用されるということになる（特別法は一般法に優先する）。

　総則編には，民法が想定していない（あるいは「商人」に特有な）局面における規定しかなく（つまり民法規制に「商人」についての新たな規制を加える規定しかなく），民法規定の適用が排除されるという関係にある規定（上記③）はない[14)]。理論的に民法の特別法と位置づけられても，具体的な条文の適用という意味では，総則編を民法の特別法と取り扱う実益には乏しい。

　商行為編は，民法が適用対象とする法律行為等に関連する規制という意味で[15)]，上記と同様，理論的には民法の特別法と位置づけられる。そしてまた同様に，必ずしも民法規定の適用が排除されるという関係にない規定も多い。ただし，商行為編所定の規定が民法規定に優先して適用されるという関係にある規定（上記③）も多い。こうした意味での民法の特別法と位置づける実益は，商行為編においてはいまだ認められそうである。もっとも，企業取引法の分野においては，いわゆる「民法の商化」という動向によって，こうした規定は時

---

12)　たとえば，商業使用人・代理商の制度は，民法上の代理の制度を特殊化したものとされる。その他，委任・請負・寄託等を特殊化した制度として，仲立営業，運送営業，倉庫営業などの規制があげられる。

13)　商業登記，商号，商業帳簿の制度などがある。

14)　もっとも，支配人の退任登記がされたら（22条），民法112条1項の適用はないと解される（最判昭和49年3月22日民集28巻2号368頁参照）。こうした例外はあるが，これは解釈である。

代をおって少なくなりつつもある¹⁶⁾。

　一般法・特別法の関係を，特別法の規定があれば一般法の規定の適用が排除される（特別法は一般法に優先する）という意味に限れば，商法を民法の特別法と位置づける実益は乏しくなっているといえそうであるし，今後もこの傾向は続くこととなろう。しかし，民法が，わが国の私法における「人」と「法律行為」についての一般法である限り，理論的には商法はその特別法というほかないであろう。

　なお，会社法は，民法の特別法である商法の，そのまた特別法であると位置づけられる（コラム13参照）。ただし，総則編と同様，会社法の規定があれば民法規定の適用が排除されるという関係にある規制は少なく（まったくないというわけではない），具体的な条文の適用という意味では，会社法を民法・商法の特別法と位置づける実益には乏しい。

コラム14

商行為編の条文の機能

　たとえば，一定の商行為につき，分割債務の原則をとる民法に対して連帯債務を定める規定（511条1項），流質契約を禁止する民法の規定を適用しないとする規定（515条）などは，本文の③の規制に該当する。

　ただし，同じ条文中に，②の機能を有する部分と③の機能を有する部分が混在していることも多いから，条文ごとに②③を仕分けすることは難しい。たとえば，526条は，民法562条〜564条の内容につき，それが「商人間の売買」における場合に買主の検査義務を追加して定める（526条1項）。そして当該検査に基づいて，売買の目的物が契約内容に不適合であることを発見したときの通知義務を定め，この通知義務に反する場合，上記民法が定める権利の行使ができない旨を定めている（同条2項・3項）。この限りで，商法は民法の規定の適用を排除している。しかし，通知義務を尽くしている場合の規定は商法にはなく，上記民法規定などが適用される（最判平成4年10月

---

15)　もっとも，商行為編の規定の要件は条文ごとにさまざまであるし，第5章以下（543条以下）は，特定の商行為を業とする商人についての規定である（前掲注3）参照）。

16)　たとえば平成29（2017）年民法改正に伴う商法改正によっても，従来の商法507条・514条・522条などが削除された。

20日民集46巻7号1129頁）。民法規制をベースとする一つの条文の中に，新たな義務を追加する箇所，民法規定の適用が排除される場面が混在しており，民法どおりに処理がされる場面も想定されているわけである。

第4節　商行為概念

1　総　説

商行為概念については，商法の適用範囲を画する概念という側面から**本章第1節**で取り扱った。ここでは，より具体的に，絶対的商行為（501条）・営業的商行為（502条）として列挙されている諸行為（それぞれ下記2・3），附属的商行為（503条，後記4）を取り扱う。また，会社法が定める商行為概念にも触れる（後記5）。

前述したように（前記本編第3章第1節参照），商法の適用範囲を明確にするため，501条・502条は商行為を限定列挙したものと解されているが，そうであるなら，時代の進展とともに，法改正によって商行為を増やしていかなければならないことは明らかである。しかしこのような改正は，実質的には，大正11（1922）年の旧信託法制定以来行われていない[17]。ただし，会社が事業として行う行為は商行為とされており（会社5条），501条・502条が限定列挙であることは会社には関係がない。

2　絶対的商行為（501条）

(1)　意　義

絶対的商行為とは，行為の客観的性質から営利性が強い行為であるとされて，誰が行おうと（商人でなくとも），また1回限りであろうと（反復継続するわけでなくとも），民法ではなく商法（商行為についての規定）を適用すべきと判断された行為である。その行為が商行為とはされても，それを反復継続して行う（「業とする」）のでない限り，商人とはならない。

501条は，絶対的商行為を4つ列挙する。同条1号・2号の行為が重要であ

---

17)　平成18（2006）年以前の信託法6条は，信託の引受けを営業的商行為としていた。現在の502条13号にあたる。なお，担保附社債信託法（明治38〔1905〕年制定）・無尽業法（昭和6〔1931〕年制定）にも一定の行為を商行為とする旨が定められていたが，これらは会社が営むため，当然に商行為となる（商法に列挙する必要がない）。

る。

(2)　具体的な行為

(a)　投機購買およびその実行行為（同条1号）

　①利益を得て譲渡する意思をもってする（つまり，後に他人に譲渡して利益を得るつもりで）動産・不動産・有価証券を有償で取得する契約を投機購買といい，②その後に，それを他人に譲渡する契約を，その実行行為（実行売却）という。いわば「安く買って高く売る，それによってその差額を収受する」という，もっとも原始的な「商」の営みである（「固有の商」ともいわれる）。投機購買（①）・その実行行為（②）のそれぞれが商行為となる。②が商行為とされるには①が前提であるが，②が行われなくとも①は商行為である。また，②によって現実に利益が生じなくても（高く売ることができなかったとしても），①②が商行為であることに変わりはない。

　①に際しては，後に譲渡して利益を得ようとする意思（投機意思）があり[18]，そしてそれが相手方にも客観的に認識可能であることが必要とされているが，客観的に認識可能という場合でなくとも，行為者の投機意思の存在を相手方が立証すれば，やはり投機購買にあたると解されている。投機意思がない場合は，その後に②が行われても，①②とも商行為とはならない。

　商品の販売業が典型である（商品を仕入れて，販売）。また，有償取得した物に製造または加工を加えて譲渡してもかまわない。つまり，いわゆるメーカー（製造業）が行っている行為もこれにあたる（多数の部品を購入し，それを組み合わせて自動車を製造し，それを売却する自動車メーカーの行為など）。

(b)　投機売却およびその実行行為（同条2号）

　①後に他人から有償取得するつもりの動産・有価証券を，先に誰かに譲渡しておく契約（供給契約）を投機売却といい，②その後に，この供給契約を履行するためにその対象物を有償取得する契約を，その実行行為（実行購買）という。いわば「高く売っておいて，その後に安く買って，売った相手に引き渡す[19]，それによってその差額を収受する」という行為である。1号と順序が逆というわけである。投機売却（①）・その実行行為（②）のそれぞれが商行為となる。②が商行為とされるには①が前提であるが，②が行われなくとも

　18）　投機意思につき，前掲注1）参照。投機意思が必要と解されているのは，501条1号・2号，502条1号のみである。

　19）　引き渡す行為は，本文①の履行のためにする物権行為であり，①でも②でもない。

（たとえば自己所有の物をもって履行したとしても），①は商行為である。有償取得した物に製造または加工を加えて履行してもかまわない。

　1号と同様，①に際して，②によって利益を得る意思（投機意思）があり，そしてそれが相手方にも客観的に認識可能であることが必要とされているが，客観的に認識可能という場合でなくとも，行為者の投機意思の存在を相手方が立証すれば，やはり投機売却にあたると解されている。そうである限り，②によって現実に利益が生じなくても，①②が商行為であることに変わりはないことも同様である。

　いわゆる先物取引が典型である。本号は不動産を含んでいない。不動産はそれぞれに個性があり（不代替物），②の実現可能性が必ずしも高いとはいえない①を認めることは不適当と考えられている。

(c) 取引所においてする取引（同条3号）

　一定の時期に一定の場所で一定の方式に従って大量の取引が行われる場所（取引所）における取引である。

　主要な取引所として，株式・社債などの有価証券の売買などが行われる金融商品取引所と，貴金属・ゴム・大豆・灯油などの品質が均等で大量取引に適した商品の先物取引が行われる商品取引所があげられる。前者には金融商品取引法，後者には商品先物取引法などの法規制がある。いずれも取引所における取引に参加できる者は限られており（取引所の会員など），この限りでは，本号が規定されている意味は小さい。

(d) 手形その他の商業証券に関する行為（同条4号）

　商業証券とは，ひろく有価証券を指すと解されている。金銭債権を表章する支払証券（手形，小切手），投資証券ないし資本証券（株券，社債券），物品の引渡請求権を表章する物品証券（船荷証券，倉荷証券）などを含む。

　商業証券に関する行為とは，振出，裏書，引受け等の証券自体に行われる行為を指す。白地小切手の補充権授与行為も含むと解される（最判昭和36年11月24日民集15巻10号2536頁）。それに対して，証券の売買，寄託等の証券を目的とする行為は含まないと解されている（大判昭和6年7月1日民集10巻8号498頁は反対）。

　この行為について商法が適用されることは当然と解されてきており，平成29(2017) 年改正民法では520条の2〜520条の20が新設されると同時に，それに伴う商法改正により516条2項〜519条の規定が削除されたことから，この行為

を絶対的商行為とする本号の意味は小さい。

3　営業的商行為（502条）

(1)　意　義

　営業的商行為とは，これを営利の目的で反復継続して行う（営業として行う）場合に，民法ではなく商法を適用すべきとされた行為である[20]。営業として行う場合に商行為となり，それを行う者は商人（固有の商人）となる。

　502条は，営業的商行為を1号～13号において列挙する。ただし，もっぱら賃金を得る目的をもって物を製造し，または労務に服する者の行為は，除かれる（同条柱書但書）。いわゆる手内職が例としてあげられる。営利の目的というより生活を維持する目的で行う場合は，形式的にはたとえば本条2号に該当しても，その者を商人とし，その行為に商行為についての規定を適用するには適しないと考えられたことによる。

(2)　具体的な行為

(a)　投機貸借およびその実行行為（同条1号）

　①他人に賃貸するつもりで動産・不動産を，有償取得するか賃借りをする契約を投機貸借といい，②それを他人に賃貸する契約をその実行行為（実行賃貸）という。いわば「安く買って（あるいは借りて），貸す，それによって利益を得る」ということである[21]。投機貸借（①）・その実行行為（②）のそれぞれが商行為となる。②が商行為とされるには①が前提であるが，②が行われなくとも①は商行為である。

　①に際して，利益を得て他に賃貸しする意思（投機意思）が存することを要すると解される。そうである限り，②によって現実に利益が生じなくても，①②が商行為であることに変わりはない。

　不動産賃貸業，リース業，レンタカー業・レンタルビデオ業などがこれにあたる。動産・不動産に製造または加工を加えて賃貸ししてもかまわない。本号は有価証券は含んでいない。証券会社が行う有価証券の賃借りは，証券会社の附属的商行為（503条）と解される。

20）「営利の目的」につき，前掲注1）参照。
21）　不特定多数の者から少額ずつの賃貸料を長期にわたって受け取る結果として利益を得るという場合（レンタルビデオ業など）もあるし，特定の者から同様の方法で利益を得るという場合（リース業など）もある。

(b) 他人のためにする製造または加工に関する行為（同条2号）

　原材料に手を加えてまったく異なった種類の物にすることが「製造」，物の同一性を失わない程度に手を加えることが「加工」である。ただし，本号は，「他人のためにする（他人の計算においてする）」製造・加工を対象としており，他人（顧客）が持ち込んだ原材料，または他人の計算において買い入れた原材料を使って，製造・加工する行為である。また，製造・加工の作業そのもの（事実行為）を対象としているのではなく，製造・加工を「引き受ける（その代わり報酬を受ける）」契約を商行為とする意味である。

　機械や家具の注文生産などがここにいう製造にあたり，クリーニング・自動車修理などが加工にあたる。

(c) 電気またはガスの供給に関する行為（同条3号）

　電気またはガスを継続して供給することを引き受ける契約である。いわゆる電気事業者・ガス事業者が行っている行為である。水道事業における水の供給なども同列に考えうるが，本条は商行為を限定列挙した条文と解する以上，類推解釈はできない。これらの事業には，公法規制がある（電気事業法・ガス事業法・水道法）。

(d) 運送に関する行為（同条4号）

　物または人の運送（場所的に移動させること）を引き受ける契約である。物品運送・旅客運送を問わず，陸上運送・海上運送・航空運送（空中運送）をすべて含む。

　運送営業ないし運送契約については，商行為編第8章運送営業（569条以下），海商編第3章（737条以下）の規制，そのほか国際海上物品運送法，航空法などの規制がある。

(e) 作業または労務の請負（同条5号）

　作業の請負とは，不動産または船舶に関する工事の完成を請け負う契約を指すと解されている（不動産・船舶に限る理由は沿革にしか求められないであろう）。家屋やビルの建設，船舶の修繕の請負契約などがこれにあたり，いわゆる建築業者や造船業者が行っている契約である。

　労務の請負とは，労働者の供給を請け負う契約である（労務を提供する契約ではないと解されている）。労働者派遣法（労働者派遣事業の適正な運営の確保及び派遣労働者の保護等に関する法律）に基づく労働者派遣事業がこれにあたる。

(f) 出版，印刷または撮影に関する行為（同条6号）

出版に関する行為とは，文書・絵画・デジタル情報を記録したブルーレイディスクなどを複製して販売・頒布することを引き受ける契約である。いわゆる出版業者や新聞業者の行為がその例としてあげられる。通常は，その前提として，文書の著作者との間での出版契約などや，印刷業者との間での印刷契約を伴うが，不可欠ではない。

印刷に関する行為とは，文書・絵画・ブルーレイディスクなどの複製を引き受ける契約である。いわゆる印刷業者の行為がその例としてあげられる。

撮影に関する行為とは，撮影を引き受ける契約である。いわゆる写真業・ビデオ撮影業者などがその例である。

なお，情報の提供という側面から，いわゆる放送事業や電気通信事業も同列に考えるべきであろうが，本条は商行為を制限列挙した条文と解する以上，類推解釈はできない。これらの事業には，公法規制がある（放送法・電気通信事業法）。

(g) 客の来集を目的とする場屋における取引（同条7号）

多数の人が集まるのに適した施設を用意し，集まる人たちがその設備を利用して種々の需要を満たすことに応じる契約である。場屋の例として，ホテル，飲食店，劇場，浴場，遊園地，ボーリング場などがあげられる。そこで行われる具体的な契約には種々のものがあろうが（宿泊契約，飲食契約，入場契約，遊技契約など），それを用意する設備に着目して定められている。596条1項は，「場屋営業者」として，「旅館，飲食店，浴場その他の客の来集を目的とする場屋における取引をすることを業とする者」と定義する。

理髪業者は，理髪という請負または労務に関する契約があるだけで，顧客が設備の利用をすることを目的とする契約ではないから，場屋取引とはいえないとする判例がある（大判昭和12年11月26日民集16巻1681頁）。それゆえに理髪業者は商人にあたらないとし，理髪業の譲渡人に競業避止義務（16条）が課されないと結論した判例であることもあり，通説は反対している。

(h) 両替その他の銀行取引（同条8号）

両替とは，異種の貨幣の交換行為であるが，これを含めて，銀行取引とは，金銭または有価証券の転換を媒介する行為とされる。そこで，金銭または有価証券を受け入れる受信行為と，これを他者に給付する与信行為をともに行っている必要があると解されている。つまり，自己の資金で貸付けを行う貸金業者や質屋営業者の金員貸付行為はここには含まれないと解されている（最判昭和

50年6月27日判時785号100頁）。

　銀行業については公法規制があるが（銀行業の定義や，内閣総理大臣の免許を受けた株式会社でなければならないことなどが規定されている〔銀行2条〜4条の2〕），本号にいう銀行取引は，銀行法が定める業務に限らない。質屋営業についても，内容は異なるが同様の規制がある（質屋営業法）。

(i) 保険 (同条9号)

　保険者が，対価を得て保険契約者との間で保険を引き受ける契約をいう。そこで，これは営利保険を意味しており，保険契約者の共同の計算において相互に保険しあうという形である相互保険は含まれないと解されている。損害保険・生命保険などや陸上保険・海上保険にかかわらない。

　保険契約については海商編第7章（815条以下）のほか保険法がある。保険業についても公法規制がある（保険業法）。なお，保険業法には，相互会社の規制があるが（保険業5条の2など，いわゆる相互保険会社），これは会社法上の会社ではない。ただ，商行為編の多くの規定が準用される（同21条2項）。

(j) 寄託の引受け (同条10号)

　他人のために物の保管を引き受ける契約をいう。いわゆる倉庫業者が典型だが，自動車の駐車場経営者の行為もこれにあたる。同種・同等の物を混合して保管し，その中から同量の物を返還することを約する混蔵寄託も，受寄者は受寄物を消費するが，これと同種・同等・同量の物の返還を約する消費寄託も，含む（消費寄託の目的が金銭または有価証券であるときは，銀行取引にあたる）。

　寄託については商行為編第9章（595条以下）があるが，同章第2節は倉庫営業について規定する（599条以下）。

(k) 仲立ちまたは取次ぎに関する行為 (同条11号)

　仲立ちに関する行為とは，他人間の法律行為を媒介する（仲介する）ことを引き受ける契約である。仲介を依頼する法律行為が依頼人（委託者）にとって商行為であることは必要ないから，不動産業者や結婚仲介業者の行為もこれに含まれ，この場合，仲立ちを引き受ける者は民事仲立人といわれる（この行為を業とすれば商行為となり，商人となる）。

　媒介される法律行為が，委託者にとって商行為である場合は，仲立人（543条，民事仲立人に対比して商事仲立人といわれる）や媒介代理商（46条，後記本書第3編第7章）となり，それぞれ商行為編・総則編の適用を受ける。それに対して，たとえば，上記の例の結婚は商行為ではないから，その仲介を引き受ける結婚

仲介業者は民事仲立人（商人）であって，その行為は営業的商行為となるが，上記の仲立人や媒介代理商の規制を受けない（商事仲立人ではない）。

　取次ぎに関する行為とは，自己の名をもって，他人の計算において法律行為をすることを引き受ける契約である。証券売買の取次ぎを行う証券会社が典型例である（証券会社は，自己が権利義務の帰属主体となって顧客の証券を売買するが，その売買から生じる経済的な効果〔損得〕は当該顧客に帰属する）。商行為編には，これを業とする商人に対する規制として，第5章仲立営業（543条），第6章問屋営業（551条），第7章運送取扱営業（559条）の定めがある。

(l)　商行為の代理の引受け（同条12号）

　本人にとって商行為となる行為の代理を引き受ける契約をいう。総則編には，これを業とする商人に対する規制として，締約代理商（46条）が定められている（後記本書第3編第7章）。損害保険の代理店が典型である。

(m)　信託の引受け（同条13号）

　信託とは，委託者が，一定の目的のために財産の管理または処分等を受託者に委託する契約をいい，これを引き受ける行為が信託の引受けである。信託については，信託法，担保付社債信託法，信託業法がある。

4　附属的商行為（503条）

　商人が，その営業としてする行為だけでなく，その営業のためにする行為も商行為とされる（503条1項，前記本章第1節参照）。営業のために金銭を借り入れる行為などが典型だが，たとえば従業員（使用人）を雇い入れる雇用契約も附属的商行為にあたる（最判昭和30年9月29日民集9巻10号1484頁，最判昭和51年7月9日判時819号91頁）。また，株式会社の取締役の任用契約（委任契約）も，会社にとって「その事業のためにする行為」（会社5条）にあたる（最判平成4年12月18日民集46巻9号3006頁参照）。

　個人商人については，営業のためにする行為なのか個人生活上の行為なのかの区別が不明確な場合があることを考慮して，商人の行為は附属的商行為と推定するとの規定がある（503条2項）。商人の行為については，商行為でないと主張する者に，その立証責任がある。また，ある開業準備行為を附属的商行為にあたると評価するかどうかという問題につき，本書第3編第1章第2節参照。

5　会社の商行為（会社法5条）

　会社が，その事業としてする行為およびその事業のためにする行為も商行為とされている（会社5条，なお資産流動化14条1項・投信63条の2第1項）。事業としてする行為が絶対的商行為や営業的商行為にあたらなくとも，商行為とされる。会社も固有の商人と解される。会社が事業のためにする行為には503条1項は適用されないが，同条2項は適用される。以上につき，前記コラム13参照。

第3編

商法総則：各論

第1章

商　人

第1節　商人の意義

1　総　説

「自己の名をもって」「501条・502条に列挙されている商行為をすることを」「業とする」「者」が，4条1項が定める「商人」である（固有の商人，会社については下記）。そして，商行為概念を前提としない商人概念を4条2項が定める（擬制商人）。そこでも「業とする」，「営む」が要件である。

固有の商人が「営業としてする行為」は501条・502条に該当するから商行為である。擬制商人が「営業としてする行為」を商行為とする規定はないが，商行為についての規定が類推適用されるべきであろう。固有の商人・擬制商人とも，その「営業のためにする」行為も商行為とされるが（503条1項），争いが生じるときに備えて推定規定がある（同条2項）。

会社については，「その事業としてする行為」は商行為とされているので（会社5条），会社も固有の商人である。「その事業のためにする行為」も商行為であるが（会社5条），商法503条2項の適用の余地もある。以上につき，前記第2編第3章第1節。

なお，平成17（2005）年改正前の商法は，「商人」のほか「営業主」という語も用いていた。これは営業の主体である商人を指しており，同改正により「商人」の語に置き換えられた。本書では「営業主」という語も用いる。

コラム15

自由業

商人概念に関連して，医師・弁護士・芸術家・著述家など，いわゆる自由業（自由職業）を営む者について議論されてきた。「業とする」以外の要件については商人の要件を充たす場合もあろうが（芸術家が自分の作品を店舗を

設けて販売する場合など），一般的には，これらの者の行為の「客観的・社会的なあるべき性質」から，営業と認められないと解されてきた。たとえば医師の行為を（大規模な総合病院であっても），「営利の目的に基づく活動」であるとか，医師も商人であるなどと位置づけるのが憚られたのであろう。

商法の対象は何であるべきか，そこにおいて営利性をどれほど重視すべきかなども含めて，今後の問題ではあろう。

2　営業能力

自然人は4条の要件を充たせば商人となるのが原則であるが，自分で完全に有効な営業活動をすることができる（営業能力が認められる）かどうかは別問題である。民法に行為能力に関する規制があることから（民4条以下），制限行為能力者に営業能力が認められるかが問題となる。また，どのようにして商人となりうるかも問題である。

未成年者は，特定の営業（複数でもよい）について，法定代理人（親権者または未成年後見人）の許可を得て（未成年後見人に後見監督人があるときは，その同意が必要である〔民864条・865条〕），商人として営業活動を行うことができる（民6条1項，なお2項)[1]。ただし，未成年者登記簿への登記によってその旨を公示することが求められている（5条，商登6条2号・35条以下）。

また，法定代理人は包括的代理権を有しており（民824条1項・859条1項），未成年者を代理して営業活動を行うことによっても（未成年後見人に後見監督人があるときは，その同意が必要である），未成年者に権利義務が帰属する（商人となる）。ただし，未成年後見人が営業活動を行うときは，後見人登記簿への登記によってその旨を公示することが求められている（6条1項，商登6条3号・40条以下）。また，未成年後見人の代理権に加えた内部的制限は（後見監督人が未成年後見人に加えた制限など），善意の第三者に対抗することができない（6条2項。こうした代理権を不可制限的代理権という）。親権者が代理する場合は，これらの規制は課されていない。

成年被後見人は営業能力を有しない（民9条参照）。成年後見人は包括的代理権を有しており（民859条1項），成年被後見人を代理して営業活動を行うとき

---

1)　営業能力とは異なるが，未成年者は，法定代理人の許可を得て，合名会社・合資会社の無限責任社員となることができ，その場合，社員の資格に基づく行為（代表行為などは含まれない）については行為能力者とみなされる（会社584条）。

は（成年後見人に後見監督人があるときは，その同意が必要である），成年被後見人は商人となる。ただし，後見人登記簿への登記によってその旨を公示することが求められている（6条1項，商登6条3号・40条以下）。また，成年後見人の代理権に加えた内部的制限は，善意の第三者に対抗することができない（6条2項。不可制限的代理権）。

　被保佐人・被補助人も営業能力を有しないといってよい（民13条・17条参照）。保佐人・補助人に代理権はないから，代理人として営業活動を行うことも認められない。この限りで，被保佐人・被補助人は商人たりえない。家庭裁判所の審判により保佐人・補助人に代理権を付与することができる「特定の法律行為」（民876条の4第1項・876条の9第1項）に，支配人の選任行為を含めると解することはできないであろうか。

3　小商人

　営業財産の価額（開業時またはそれ以後は最終の営業年度にかかる貸借対照表に計上した額）が50万円以下の商人を「小商人」という（7条，商施規3条）。小商人には，登記に関する規定（登記事項を定める規定〔5条・6条・11条2項・15条2項・17条2項・22条〕および「商業登記」の章の規定（〔8条〜10条〕）・商業帳簿の規定（19条）は，適用されない（7条）。22条に関連して，登記を前提とする支配人の制度（20条〜24条）も適用されないことになる[2]。小規模な個人商人にまで登記義務を課したり，一般に公正妥当と認められる会計慣行に従った商業帳簿の作成を義務づけるのは，不適切と考えられた。商人ではあるから，上記以外の商法の規定は適用される[3]。

　なお，会社が小商人とならない旨の規定はないが，会社法は，会社への適用に不適切なもの以外は，上記条文に対応する規定を別途おいているため（会社911条3項2号・912条1項2号・913条1項2号・914条1項2号・22条2項・918条・907条〜909条・431条以下・614条以下），会社は小商人にはならない。

---

　2)　支配人は登記をしなければならないとされているから（22条），この規定を遵守することができない小商人は支配人を選任することができないということである。登記が支配人であるための要件だということではない。なお，小商人であっても，ある者に営業に関する包括的代理権を授与することはできる（ただしそれは支配人ではない）。

　3)　なお，502条柱書但書にあたる者は商人にならないから（第2編第3章第4節3(1)），小商人にもあたらない。

4　商人適格

　各種法人が「商人」として取り扱われうるか（商人適格があるか）という問題がある。会社（私法人・営利法人[4]）は商人であるが（コラム13参照），それ以外の法人はどうであろうか。前述のように（本書第2編第3章第1節参照），一定の商行為を収支相償う意思をもって反復継続することで商人と取り扱われるので，その存在目的自体に営利性が認められない法人であるとしても，それは営業を行いえない法人だということには直結しない。

　公法人の中でも，国・地方公共団体は，たとえばバス事業や地下鉄事業を行えば，営業的商行為にあたり（502条4号），固有の商人となるから，その限りで商法が適用される（2条，前記第2編第3章第2節）。土地区画整理組合，土地改良区，水害予防組合などは，その存在目的が限定されており，商人適格はないと解されている。

　いわゆる特殊法人の中には株式会社もある（日本たばこ産業株式会社，成田国際空港株式会社など）。独立行政法人も多様であろう。たとえば，住宅金融支援機構はその目的・業務が限定されており（独立行政法人通則法2条），商人適格はないと一般に解されているが，日本スポーツ振興センターは，出版事業を行うことができる（スポーツ振興15条1項9号）。

　私法人・非営利法人のうち，一般社団法人・一般財団法人も商人たりうることが前提とされており，ただ，商号・商業帳簿・支配人についての商法の規定は適用されない旨が規定されている（一般法人9条）[5]。さらに公益認定を受けて公益社団法人・公益財団法人となっても，公益目的事業以外の収益事業等を行うことも否定されてはいない（公益法人5条7号）。

　特別法に基づいて設立された私法人はどうであろうか。たとえば，私立学校法・社会福祉法に基づいて設立される学校法人・社会福祉法人などは公益法人

---

4)　ここでいう営利法人とは，対外的活動により得た利益を内部的に構成員に分配しないと定めることはできない法人という意味であり（たとえば会社105条2項，なお持分会社も営利法人と解される），本文下記の非営利法人とは，対外的活動により得た利益をその構成員に分配してはならない法人をいう（たとえば，一般法人11条2項）。つまり非営利法人といっても，対外的に営利を目的として同種の行為を反復継続してはならない，すなわち商人とはなりえない法人という意味ではない。
　　なお，特定目的会社・投資法人も営利法人である（資産流動化27条2項・5項，投信77条2項・3項参照）。
5)　ここで商号規制の適用が排除されているため，一般法人7条・8条は，商法12条・14条と同旨の規定をおいている。

に分類されるが，収益事業を行うことができる（私立学校26条1項，社会福祉法26条1項）。それに対して，最判は，「中小企業等協同組合法」に基づいて設立された信用協同組合（信用組合）の業務は，組合員の事業・家計の助成を図ることを目的とする共同組織であることが基本であって，営利を目的とするものではないから，商法上の商人にはあたらないとする（最判昭和48年10月5日判時726号92頁，最判平成18年6月23日判時1943号146頁）。「信用金庫法」に基づいて設立された信用金庫は，信用協同組合より営利性が強いと認められるが，やはり信用金庫の行う業務は営利を目的とするものではないとして，その商人適格を否定した（最判昭和63年10月18日民集42巻8号575頁）。しかし，銀行の貸付債権と信用金庫の貸付債権で消滅時効が異なってしまっていることが，平成29年民法改正（それに伴う商法改正）による民商法での消滅時効の統一化（平成29年商法改正前522条の削除）につながった。

　相互保険会社については[6]，商行為編の規定の多くが準用されている（保険業21条2項）。商人適格が認められていればこのような準用規定は不要であるから，商人適格はないと位置づけられているといえる（なお，その組織については，多くの会社法の規定が準用されている）。

　「資産の流動化に関する法律」に基づく特定目的会社，「投資信託及び投資法人に関する法律」に基づく投資法人は，固有の商人と位置づけられる[7]。

　なお，民法上の組合は法人ではないが，組合員は商人として取り扱われうる（最判昭和33年6月19日民集12巻10号1575頁－発起人組合の事例）。匿名組合の営業者も，有限責任事業組合の組合員も商人である（535条，有限責任事業組合法10条参照）。それらの場合，小商人の規制（前記本節3）は適用されうる。

コラム16

非商人の取引と商行為についての規定の適用

　商人でない者（非商人）の取引には必ず商行為についての規定が適用されないというわけではない。本文の最判昭和48年は，信用協同組合（非商人）の組合員（商人）に対する貸付けが，組合員にとって附属的商行為であったことから，一方的商行為の規定にしたがい（3条1項），商行為についての規

6）　株式会社たる保険会社には，商法・会社法が適用される。
7）　コラム13参照。

定[8]を適用した事例である。それに対して，本文の最判平成18年は，組合員（非商人）による預金についての信用協同組合の預金払戻債務について，双方とも商人でなかったことから（一方的商行為の規定〔3条1項〕も適用されないから），商行為についての規定[9]の適用を否定した。また，本文の最判昭和63年は，信用金庫は商人ではないことから，双方的商行為であることを要件とする521条の適用を否定した。

　非商人に総則編は適用されないとしても，取引の相手方が商人かどうか，争われている条文の要件はどうかにより，商行為についての規定の適用の有無は左右されるわけである。

　なお，本文に記述したように，保険業法21条2項は，商人適格がない相互保険会社について，商行為編の多くの規定を準用している。こうした規制により商行為についての規定が適用される場合もある（そのほか農林中央金庫法7条など）。

第2節　商人資格の取得時期

1　総　説

　「商人」の要件として「業とする」，「営む」があるため（4条1項・2項），形式的には，ある者が法的に「商人」としての取扱いを受けるには，営利の目的をもって計画的に同種の行為を反復継続する意思で，少なくともその最初の行為が行われること（以下，開業という）が必要と解されることになる（開業してはじめて「商人」となる）。しかし，実質的には，たとえば，これから営業を開始するための開業準備として店舗を購入・賃借りすることと，すでに営業を開始している商人があらたな店舗を購入・賃借りすることとで法律効果を違える（民法が適用されるのか商法が適用されるのか）合理性があるのかという疑問がある（たとえば，開業準備段階では商人として取り扱われることがないとすれば，双方的商行為の規定の適用の余地はないことになる）。判例・学説とも，開業準備の段階でも，あたかも商人であるかのように取り扱われ，商法が（類推）適用される場合があってよいとの価値判断にたっている（異論はない）。

---

8)　平成29年民法改正に伴い削除された平成29年商法改正前522条。この事案では信用協同組合の商人適格は，事案の解決には関係がなかったということである。
9)　平成29年民法改正に伴い削除された平成29年商法改正前514条。

「商人資格」という資格があるわけではないが，当初の議論は，開業前でも
ある者がひとたび商人と取り扱われると，以後，営業を廃止するまで，すべて
の人との関係で当然に商人と取り扱われるという発想（画一説）を前提として，
いつ商人になるかという問題を「商人資格の取得時期」と表現した[10]。しかし，
こうした発想になじむであろう総則編の適用（企業組織法の問題）については
ほとんど議論されてこなかったし，開業準備段階で総則編全体の適用を議論す
る必要性にも乏しいと思われる。実際には開業前の行為については商行為につ
いての規定の適用いかんが問題とされてきたのである（企業取引法の問題）。つ
まり，ある開業準備行為が「実質的には商人が営業のためにする行為（附属的
商行為）である」として商行為についての規定が（類推）適用される場合があ
るか，それはどういう場合か，ということが主たる問題とされてきた。附属的
商行為とされるためには，その主体が商人でなければならないので，形式的に
「いつ商人であるかのように取り扱われることになるか」という問題となるの
ではあるが，実質的には「商人についての規定」ではなく「商行為についての
規定」の適用が問題なのである。

　このように問題が限定されると，画一説のような発想は妥当でなくなる。個
別具体的な開業準備行為（取引）ごとに判断されればよく，ある時点である相
手方との間で商人と取り扱われる（そして当該取引に商行為についての規定が適
用される）ことは，その後の開業準備行為において商人と取り扱われるかどう
かに関係しない（相対説）[11]。

　なお，会社は，成立時に商人となる。設立段階で発起人が開業準備行為を行
うとしても，それは発起人自身にとっての開業準備行為ではないし，設立中の
会社に法人格はない。設立中の会社の執行機関としての発起人の権限に開業準
備行為を行う権限を含める少数説によるのでなければ，設立中の会社が実質的
な意味での商人になることもない[12]。

　下記2では，個人商人として営業活動を行おうとしている者の開業準備行為
が，実質的には「商人の附属的商行為」として，当該行為に商行為についての
規定が（類推）適用されるのはいかなる場合かという問題（開業準備行為の附属

---

10)　開業後，商人でなくなるまでなら「商人資格」（たとえば商人資格の得喪）といっ
ても違和感はないが，それを開業前の議論に拡張したのであろう。なお，「商人資格
の喪失時期」は，正確には，営業を廃止して残務処理が完了する（設備商人の場合は
営業設備の廃止も含む）ときである（大阪高判昭和53年11月30日金判566号31頁参照）。
11)　つまり，現在では，「商人資格の取得時期」というのは誤解を生ぜしめる語である。

的商行為性）に限定する[13]。

2　判例・学説

　商人になろうとする者をＡ，Ａの開業準備行為における取引の相手方をＢとする。商行為についての規定が適用されるとしても，具体的な規定により，Ａに有利になる場合もＢに有利になる場合もある。そこで，この問題は，たとえばＡの立場にある者の利益を一般的に重視すべきだといったような思考では妥当な解決はできないということに注意しなければならない（同じ行為について，Ａに有利な条文もＢに有利な条文も適用可能となる）。

　開業準備行為が附属的商行為とされるかどうかにつき，従来の判例・学説には次のようなものがあるが，画一説は，総則編の適用も視野に入れて提唱された見解である。

　画一説には，①店舗の開設，開店広告，看板の設置など，Ａが営業意思を外部に発表した段階で商人となり，Ａの開業準備行為が商行為となるとする見解があり，当初，大審院はこれをとった（大判大正14年2月10日民集4巻56号，表白行為説）。商人と取り扱われる時点を開業時とあまり時差がないよう遡らせる保守的な見解といえるが，Ａの営業意思が外部に発表されていない段階では，たとえＢがＡの営業意思を知っていても商法は適用されない。商法の適用に無用な制限を課すものといえる。そこで，大審院は，②Ａが開業準備行為をＢとの間で行ったら，その行為は商行為となるとする見解に改説した（大判昭和6年4月2日民集10巻289頁，上記最判昭和33年6月19日，営業意思主観的実現説）。しかし今度は，ＢがＡの営業意思を知りえなくてもＢに不利益となる商法規定が適用されうることになり，妥当な利益調整を図るものとはいえないと批判さ

---

12)　ただし，発起人が商人（会社を含む）である場合は，設立しようとする会社のための開業準備行為も，発起人自身の附属的商行為となろう。また，開業準備行為のひとつである財産引受契約（会社28条2号）だけは，その効果が設立中の会社に実質的に帰属するから，成立後の会社には商行為についての規定が適用されると解される（財産引受契約は，会社の成立を停止条件とする契約である）。成立後の会社の附属的商行為と位置づけられる。

13)　ただ，この問題は，取引当事者間で自由に内容を定めうる事項について問題になることが多く（任意規定の（類推）適用の有無が問題になることが多く，当該事項について合意があれば問題にならない），さらに近時は民法と商法で内容にちがいがなくなっている事項も増えつつあり（前掲注(8)(9)参照），実際上のこの問題の意義は小さくなっている。

れた。

　当初は画一説として提唱されながら相対説にも適応しえた見解として，③当該取引においてAの営業意思が客観的に認識可能な取引である場合，商行為についての規定が適用されるとする見解がある（営業意思客観的認識可能説）。たとえば，BがAに映画館業を譲渡する取引（営業譲渡契約）は，Aがこれから映画館業を行おうとしているという営業意思が認識可能な取引とされる。この場合，BがAの営業意思に気づかなかったとしても，気づくことができた取引だから，Bに不利益となる条文が適用されても，Bはその不利益を甘受すべきとされるわけである。

　だとすれば，さらに，A・B間の取引がAの営業意思を客観的に示す内容のものでなくとも（たとえばたんなる金銭消費貸借契約），BがAの営業意思を知っていれば，商行為についての規定が適用されてもよいはずである。Bが，Aが映画館業を始めるためにCから映画館を購入する資金として自分から金銭を借り入れようとしていることを知ったうえで金銭を貸し付けた場合に，この契約に商行為についての規定を適用した判決がある（最判昭和47年2月24日民集26巻1号172頁）。一般にこの判決は③の見解によったとされているが，いずれにせよ③の見解は，取引内容からAの営業意思が客観的に認識可能な取引である場合に限らず，BがAの営業意思を知っている場合も，商行為についての規定の適用を認める。

　④相対説の発想で考えるべきことを提唱した見解（二段階説）を精緻化した見解（三段階説）は，次のようにいう（総称すると段階説）。ⓐAが開業準備行為を行ったというだけではAは商行為についての規定の適用を主張できないが，Bの方からは，Aに営業意思があったことを立証してその適用を主張できる。ⓑしかし，Aの営業意思が客観的に認識可能な開業準備行為である場合，あるいはBがAの営業意思を知っていた場合，AからもBからもその適用を主張できる。Aが主張するなら自らの営業意思が客観的には認識可能であること，あるいはBは自分の営業意思を知っていたこと，Bが主張するならAに営業意思があったことを立証していくことになる。ⓒAが開業準備をしていることが，店舗の開設や開店広告などにより一般的に明らかになった段階では，503条2項が（類推）適用される。②説をベースとしつつ，①説や③説を総合し，両当事者の利益調整をはかる見解である。時間的にⓐⓑとⓒの二段階に分かれ，ⓒ以前の段階では事案に応じて評価のしかたがⓐⓑに分かれる。時間的に三段階

に分かれるわけではない。

コラム17

開業準備行為の附属的商行為性

　段階説をベースとして，次のように考えたらどうだろうか。

　商法には開業後の規定しかないのであるから，解釈論としてはこれが出発点である。つまり，㋐ある者は営業意思を有しているから商人となる（4条）。このことに他人は関係ない。しかし，㋑商人が行った具体的な行為に商行為についての規定が適用されるかどうかに争いがある場合は，503条2項の推定規定にしたがって，当事者間での主張立証（その内容）が問題となる。

　次に，Aが開業準備行為を行っても，形式的にはAは商人にもならず，当該取引に商行為についての規定は適用されないことも出発点である。しかし，本文1に記したような価値判断にしたがい，一定の場合には例外的に適用されるべきと考えられる。つまり，㋒AもBも適用を主張できないのが原則であって，主張できる例外はどういう場合かという問題である。

　なお，開業準備行為には，Aの営業意思が客観的に認識される行為もあるし（たとえばAが譲受人である営業譲渡契約），行為の内容から客観的に認識されるとはいえない行為もある（たとえばAが借主である金銭消費貸借契約）。いずれであっても，BがAの営業意思を知っている場合もあるし，知らない場合もある。

　さて，以上を前提としてどのように考えればよいか。Aが開業準備行為を行ったら，自らの営業意思を実現しているのであるから，Aには商行為についての規定の適用を否定する理由はないのではないか（㋓）[14]。Bからその適用を主張されても，不測の不利益を受けるということはない。どのような場合であろうと，Bは，当該行為がAの開業準備行為であったことを主張立証して，商行為についての規定の適用を主張できると解される（㋓の例外）。

　Aも，当該行為がAの営業意思を客観的に認識できる行為であったことか，または，BがAの営業意思を知っていたことを主張立証して，商行為についての規定の適用を主張できるが（㋓の例外），その反面として，当該行為がA

---

14)　本文の③の見解は，この問題は対抗の問題ではなく事実の存否の問題だとして④の見解を批判するが，ある者が営業意思を有しているかどうかが事実の存否の問題である。

の営業意思を客観的に認識させるものではなく，かつ，ＢはＡの営業意思を
知らなかったという場合は，Ａからの主張を認めることはＢに不測の不利益
を与えてしまう。この場合にはＡからの主張は認められないと解される（㋐
の原則）。

　なお，上記の裏返しであるが，Ａにとって当該行為が開業準備行為（営業
のために行った行為）ではなかった場合は，Ａは，そのことを立証して，商
行為についての規定の不適用を主張することが認められよう。

　段階説に対する批判に，行為の当時，ＢはＡの営業意思を知らなかったが，
後から知って商行為についての規定の適用を主張することを認めるのは不当
だというものがある。しかし，上記のようにＡには商行為についての規定の
適用を否定する理由がないと考えられるのであって（Ｂの認識にかかわらず，
行為の時点で附属的商行為に相当する行為なのだから），これを認めても不当
ではないと解される（Ａの開業後でもこのような事態は起こりうる）。

　なお，たとえば開店広告を行ったら503条2項が（類推）適用されるよう
になるというのは（本文2の④ⓒ），広告などの影響力を過大視しているよう
に思われる[15)]。こうした事情は，事案ごとに，ＢがＡの営業意思を認識しえ
たか，していたかの判断要素のひとつとして考慮されれば足りるであろう。

　こうした考え方は，開業準備行為によって営業意思が実現されたら，あた
かも商人であるかのように取り扱われるということを基礎としている（㋐に
相当するしくみ）。しかし商行為についての規定の適用に争いがある場合は
（当該行為が行為者にとっては開業準備行為ではなかったという場合も含め），
当事者の主張立証によって決せられる（㋑に相当するしくみ）。全体として段
階説にしたがうものであり，ＢがＡの営業意思を行為後に知っても，商行為
についての規定の適用を主張しうるとする点（Ａが営業意思を実現したらＡ
には当該規定の適用を否定する理由はないと考える点）が，営業意思客観的
認識可能説（本文2の③）とのちがいである。営業意思客観的認識可能説は，
ＡとＢの利益を等価値に衡量して，ＢがＡの営業意思を知りえたか・知って
いたかによって，Ａが商人であるかのように取り扱われるかどうかを決する
見解であるが，それは㋐からはかけ離れているのではないだろうか。

---

15)　現在では，たとえば一定の場所に看板を設置したからといって，「一般的に」取
　　引の相手方がその者の営業意思を認識するべきであったということにはならないであ
　　ろう。どのように取引が行われたかによる。

第2章

商　号

第1節　商号規制の意義

1　商号の意義

　商人が,「営業活動上, 自己を表示するために用いる名称」を商号という（前記第2編第2章第1節参照）。商人が複数の営業を営むとき, それぞれに別々の商号を用いることができる（ただし, 会社については下記）。たとえば, Aさんが自転車屋とラーメン屋を営むとき, 同じ商号で営んでもよいが, それぞれに「Bサイクルショップ」,「中華そばC」という商号を使うこともできる。この場合, 両商号とも, 権利義務の主体としてはAを指している。

　小商人も商人だから商号を選定使用できるが, 商号に関する登記はできない（会社の場合も含め, 登記について後記**本章第4節**参照）。商人でない者（たとえば相互保険会社, 各種協同組合）の名称は商号ではない[1]。なお, 税金の関係などで「屋号・雅号」の語も使われるが, 商号は商人の名称だから, それは商号より広い概念である。

　商号は名称だから, 文字で表示することができ, 呼称（発音）することができるものでなければならない。会社の商号は登記しなければならないので登記規制も受けるが, 現在では, ローマ字, アラビヤ数字のほか, 一定の符号（「&」「,」「-」など）を使用した商号も登記することができる（商登規50条, 平成14年法務省告示第315号）。つまり, これらを使用した商号を選定することができる[2]。

　商標とは, 企業が自己の取り扱う商品・役務（サービス）を他人の商品・役

1）　ただし, それらを規制する法が, 会社法の商号規制と類似の名称規制をおいていたり, 会社法の規定を準用していることは多い（保険業21条1項, 農協3条, 中協6条など）。

2）　たとえば,「HOYA株式会社」の通称・「HOYA」の商標で知られていた「ホーヤ株式会社」は, このときの商業登記規則改正により「HOYA株式会社」に商号を変更した。発音上「ホーヤ株式会社」であることに変わりはない。

務と区別するために使用する文字・図形・記号・人形・音などである（商標2条1項参照）[3]。特定の商人を指し示す名称ではないので，商標はもちろん商号ではない。

　商号は商人の名称であるから，形式的には開業時に成立するものである（本編第1章第2節1参照）。しかし，営業を商号とともに譲り受けた者が，営業所を改築している間に開業準備行為を行う場合なども想定すれば，開業前でも商号と取り扱われるべきかどうかは，ケース・バイ・ケースで判断されてよい（大決大正11年12月8日民集1巻714頁参照。なお，会社法979条は「事業をした」場合の規定である）。一般的に商人資格を取得するかどうかという問題の一環と捉える必要はない。

　会社については，営業という語は事業という語に置き換えられている。そこで，会社が，「事業活動上，自己を表示するために用いる名称」を商号ということになるが，会社の商号は，事業の主体を指し示すだけではなく，会社の法人格そのものを示す名称である（会社6条1項参照）。複数の異なる事業部門（たとえば運輸業と不動産賃貸・販売業）を営んでいる会社であっても，会社の「商号」はひとつであり（たとえば「京王電鉄株式会社」），したがって「事業」もひとつとされる。それぞれの事業部門ごとに異なる商号を使い分けることはできない[4]。個人商人は複数の営業を営み，それぞれに別の商号を選定することができるが，会社の商号はひとつであり，事業もひとつであるということである。

　個人商人には営業を離れた個人生活もあるので，当該個人を特定するための名称には，法的には，商号のほかに戸籍上の氏名がある（実際上は芸名やペンネームなどもある）。それに対して，会社に個人生活はないので[5]，会社を特定するための名称は，法的には事業活動上の名称（すなわち商号）しかない（実際上はその略称などがある）。このように商号が特定の商人（会社を含む）を指し

3）　商品を表示する標識はいわゆるトレードマーク，役務を表示する標識はサービスマークである。デザイン化された「CUP NOODLE」の文字の図形，赤いきつねなどに印刷されている「マルちゃん」の顔，「スマイルズフォーオール♪」の音，カーネルサンダース人形などが商標の例である。

4）　もちろん完全子会社を設立するなどすれば商号は別であるので，事業部門ごとに商号を別にできないという規制は論理必然ではないともいえるが（自然人において氏名と商号は区別される），法人についてそれを認めるべきメリットもまた見いだせないということであろう。

5）　コラム13参照。

示すことはもちろんだが，商号はその商人の営業（事業）活動・営業（事業）財産を想起させる機能も有している（前記第2編第2章第1節参照）。一般に評価される活動が継続されるなら，その商号にも信用が付いていくことになる。そうすると，当該商号は商人にとって財産的価値を持つ名称ということになる（法規制を別にしていうと，別の商人が，一定の評判が付着したその商号を買ってでも使いたいと思うようになるということである）。

2　規制の概要

　本章で取り扱うのは，商法第1編第4章「商号」所定の規定（11条〜18条の2）のうち，11条〜15条である。16条〜18条の2については後に取り扱う（**本編第4章参照**）。これらの規定は会社には適用されないので（11条1項かっこ書），会社法は同旨の規定をおいているが，上記の二つは別の章で規定されている（会社法第1編第2章と第4章）。本章の対象は会社法第1編第2章（会社6条〜9条）も含む。

　商号に関する法規制には，①商号を選定使用する商人の保護を目的とする規制と，②営業主体の誤認を防止することを目的とする規制，③営業主体を誤認してしまった者の保護を目的とする規制がある。また，別の視点からは，ⓐそれが単純に名称であることに基づく規制と，ⓑ財産的価値を持ちうる名称であることに着目した規制に分けることもできる。商号選定自由の原則や商号使用権は①ⓑの規制といえようが，商号選定に関する制限の規制には，一般的な誤認防止のための規制（②ⓐ）のほか，具体的な営業主体についての誤認防止のための規制（①②ⓑ）もある。商号専用権も②ⓑであろう。商号の譲渡や相続が認められるのは①ⓑに基づくが，②も考慮されている。名板貸人の責任規制は③ⓐである（本章の範囲ではないが17条も同様である）。

第2節　商号の選定

1　商号選定自由の原則

　個人商人は，その氏，氏名その他の名称を商号とすることができる（11条1項）。商号（選定）自由の原則といわれる（会社にも同様に同原則が認められる）。商人が営む営業（事業）の種類（いわゆる業種）と対応している必要もない。たとえば，自転車屋のみを営むAさんが「手打ちうどんB」という商号を選ん

でもかまわない。この「Ｂ」は，他人の氏名でもよいし，造語でもよい（11条1項の「その他の名称」）。

　江戸時代の商人は自他を区別するために屋号（越後屋，高島屋，紀伊國屋など）を用いていたため，これを商号とすることを認めたものといわれる。つまり商人の氏名または営業の実際と商号が一致していることを求める商号真実主義はとられず，基本的に商号自由主義によっている[6]。

　ただし，もちろんまったく自由であるわけはなく，次の制限がある（下記2）。

2　商号選定に関する制限

(1)　商号単一の原則

　個人商人の商号は，その営む営業ごとにひとつであることが求められる。商号単一の原則といわれる。先述の例で（前記第1節1参照），Ａさんの自転車屋にいくつかの営業所があっても，その商号を「Ｂサイクルショップ」，「Ｄ自転車店」などと使い分けることはできない。この旨を定める規定はないが，一般公衆の誤認を防ぐ趣旨として確立されている[7]。ただ，営業所ごとに「○○営業所（支店）」などの文字を付加することは認められる（登記もできる）。

　なお，会社の商号は，商号単一の原則とは関係なく，ひとつである（前記第1節1参照）。会社の場合は，事実上，支店ごとに「○○営業所（支店）」などの文字を付加して使用するとしても，この部分は商号ではない。

(2)　会社の種類を示す文字

　会社の商号は，その種類にしたがって，株式会社，合名会社，合資会社，合同会社の文字を含まなければならないし（会社6条2項，「株式会社中央経済社」など），他の種類の会社であると誤認されるおそれのある文字を用いてはならない（同条3項）。会社の種類により，社員（株主）の責任をはじめとする多くの点が異なるわけであるから，取引の相手方，利害関係者あるいはより広く一般公衆に対して，商号によってもこれを明確にさせる。

　また，会社でない商人の商号・会社でも商人でもない者の名称に，会社（株式会社，合名会社，合資会社，合同会社）であると誤認されるおそれのある文字

---

6)　そのほか，商号を選定する際は商号真実主義によりつつ，営業の譲渡や相続などの場合においては当該商号が使い続けられることを認めるという折衷主義がある。

7)　商号単一の原則を判示した判例は（大決大正13年6月13日民集3巻280頁），同一営業であっても営業所ごとに別の商号を用いてよい旨を判示したが（傍論），この点は批判されている。

（たとえば合名商会という文字）を用いてはならない（会社7条）。

　上記の違反に対しては過料の制裁があり（会社978条1号・2号），不法行為に基づく損害賠償責任が生じる余地がある（民709条）。

(3)　特定の事業を示す文字

　商法・会社法の規制ではないが，特定の事業を営む主体（会社も含む）を規制する法において，(2)と同旨の規定（一般公衆の誤認防止）がおかれている場合は多い。たとえば銀行はその商号中に銀行という文字を，保険会社はその商号・名称中に生命保険会社・損害保険会社であることを示す文字を，信託会社は信託という文字を使用しなければならない（銀行6条1項，保険業7条1項〔なお同20条〕，信託業14条1項）。農業協同組合などについても同様の規定がある（農協3条1項，中協6条1項など）。

　逆に，銀行でない者は，その名称・商号中に銀行であることを示す文字を使用してはならない（銀行6条2項，そのほか保険業7条2項，信託業14条2項，農協3条2項，中協6条2項など，こうした規制は数多い）[8]。

(4)　他の商人と誤認させる名称・商号

　何人も，不正の目的をもって，他の商人（会社を含む）であると誤認させるおそれのある名称または商号を使用してはならない（12条1項，会社8条1項）。具体的な営業（事業）主体についての誤認防止と，商号に付着した信用が害されることの防止（商人の保護）を趣旨とする規定である。「名称」使用も規制対象に含まれているため，たとえば他の商人の商標等の名称を使用して，自己をその商人あるいはそれと関係がある者であるかのように誤認させる行為も含むと解される。また，誤認される商人と，誤認させる名称・商号の使用者とが，同種の営業（事業）を行っている必要はない。たとえば，「赤いきつね合同会社」という商号や「緑のたぬき生命保険相互会社」という名称は，「東洋水産株式会社」と関係がある会社（たとえば子会社）であると誤認させるから，本条違反となる。また，他人が商人としての活動をしているとの誤認を惹起する場合も含まれると解されるから，著名人の名称を自己の名称・商号に使用することも本条違反となる。

8）　さらに限定的に，たとえば，日本電信電話株式会社以外の者は，その商号中に日本電信電話株式会社という文字を使用してはならないとされている場合も多い（日本電信電話株式会社等に関する法律8条，そのほか日本たばこ産業株式会社法4条，成田国際空港株式会社法4条など）。

「不正の目的」は，「他の商人の営業と誤認させる目的，不正に競争する目的，他の商人を害する目的など，特定の目的のみに限定されるものではないが，不正な活動を行う積極的な意思を有することを要する」（知財高判平成19年6月13日判時2036号117頁参照－会社8条の事例）。

保護される商号は，周知商号や著名商号（後記第3節2参照）である必要はない。「使用」には，看板や広告に表示するような場合も含む。

これに違反する使用により営業上の利益を侵害され，あるいは侵害されるおそれがある商人は，その侵害の停止または予防を請求することができる（12条2項，会社8条2項，使用の差止請求）。また，上記の違反に対しては過料の制裁があり（13条，会社978条3号），不法行為に基づく損害賠償責任が生じる余地がある（民709条）。

(5)　その他

①　不正競争防止法による制限は重要である。後述する（後記本章第3節2(2)参照）。

②　公序良俗に反する商号を選定することができないのは当然である（民90条）。

③　他の商人がすでに登記した商号[9]と同一で，営業所（会社の場合は本店）の所在場所も同じくする商号を登記することはできないから（商登27条，後記本章第4節参照），自己の商号を登記しようとする個人商人・登記しなければならない会社は，この制限を受ける。

④　その商号中に社員の氏・氏名・名称を用いていた持分会社において，当該社員が退社した場合，その氏等の使用の差止請求をされることがありうるから（会社613条），従前の商号を使いつづけることに対する制限といえよう。

第3節　商号権

1　商号使用権

商号は名称であるが，財産的価値があるから，商人の商号に対する権利が観念されている（商号権）。その内容のひとつとして，適法に選定された商号は，

9）　自分が登記している場合も含め，登記されている商号を登記商号・既登記商号という。

他人から害されることなく使用し続けることができることがあげられる。この権利を商号使用権という。登記の有無にかかわらない。

　商号使用権の侵害については，不法行為に基づく損害賠償責任が生じる余地がある（民709条）。

2　商号専用権

(1)　総　説

　商号使用権を一歩進め，自己の商号と同一・類似の商号などを他人が使用することを排除することができる権利を商号専用権という[10]。言い換えれば，自己の商号を独占的・排他的に使用することができる権利である。登記の有無にかかわらない。

　そのひとつの内容として，他人が不正の目的をもって，自分と誤認されるおそれのある名称・商号を使用している・使用しようとしている場合に，差止請求権を行使できることは前述した（前記本章第2節2(4)参照）。

(2)　不正競争防止法による規制

　他人の商号等の使用の差止め等という点では，不正競争防止法による規制が重要である。事業者間の公正な競争の確保などを目的とする同法は，その保護の対象のひとつである「商品等表示」，「特定商品等表示」に商号も含めている（不正競争1条・2条1項1号・19号）[11]。「不正競争」とは，①「需要者の間に広く認識されている」[12]他人の商号（周知商号）と同一・類似の商号等の使用などにより，他人の商品・営業と混同を生じさせる行為（同項1号），②自己の商号等として，他人の「著名な」商号（著名商号）と同一・類似の商号等を使用するなどの行為（同項2号），③不正の利益を得る目的または他人に損害を加える目的で，他人の商号と同一・類似のドメイン名を使用する権利を取得または保有する行為，あるいはそれを使用する行為である（同項19号）。

　①の不正競争につき，他人の商品・営業と「混同を生じさせる行為」とは，他人の周知の営業表示と同一・類似のものを使用する者が自己と他人とを同一

---

10)　ただし，商号専用権という概念は，商法や関連する法の改正などにより，曖昧になっている。ここでは，他人の使用に対して差止めを請求できる権利が認められるという点に着目して，本文の第2節2(4)と本節2(2)の規制とを商号専用権を示す規制としてまとめたが，この概念にこだわる必要はない。

11)　以下，保護の対象となるものとしては商号に限定して記述する。

12)　特定の地域，特定の需要者層において広く認識されていることである。

の者と誤信させる行為に限らず，両者間にいわゆる親会社，子会社の関係や系
列関係などの緊密な営業上の関係，同一の表示の商品化事業を営むグループに
属する関係が存すると誤信させる行為をも包含し，また，両者間に競争関係が
あることを要しないと解されている（最判平成10年9月10日判時1655号160頁）。
②は，自己の商号等として使用するなどの場合であって，混同を生じさせるか
どうかを問わない。周知商号とされるより著名商号とされる方がハードルが高
く，全国的に知られていることが必要と解されている。

　不正競争によって営業上の利益を侵害され，または侵害されるおそれのある
者は，その侵害の停止または予防を請求することができる（不正競争3条1項，
使用の差止請求）。また，故意・過失により不正競争を行って他人の営業上の利
益を侵害した者に対し，損害賠償を請求することができ（同法4条），この場
合の損害額の推定規定などもおかれている（同法5条）。さらに，営業上の信
用を回復するために必要な措置を請求することもできる（同法14条，信用回復
措置請求）。商法よりも不正競争防止法の方が商号専用権に対する保護が厚い
といえる。

コラム18

商号権の性質

　商号は知的財産である（知財2条1項）。そこで商人がその商号に対して有
していると構成される権利（商号権）は知的財産権といえるが（同条2項参
照），本文の信用回復措置が認められていることなどから，商号権は人格権的
性質もあわせもつものか，争われる。

　信用回復措置も営業（事業）の経済的価値を回復させるための措置と解す
ると，人格権的性質を含むと解する必要はない。他方，氏名を商号とするこ
とも認められており，その場合に氏名権と商号権を切り離して捉える必要も
ない。商号の人格権的性質を否定しきる必要もないであろう。しかしいずれ
にせよ具体的な解釈論の帰結を左右する問題ではない。

第4節　商号の登記

　個人商人は，その商号を登記することができる（11条2項）[13]。個人商人が商号を登記するかどうかは自由である。登記をする場合は，営業所ごとに，当該営業所の所在地を管轄する登記所に備えられた商号登記簿に，商号・営業の種類・営業所（の所在場所）・商号使用者の氏名および住所を登記する（商登1条の3・6条1号・28条）。

　それに対して，会社の商号は登記事項であり（本店の所在地において必ず登記されなければならない）（会社911条3項2号・912条2号・913条2号・914条2号・なお外国会社につき933条2項），それぞれの種類の会社登記簿に登記する（商登6条5号〜9号・34条1項）。

　他の商人（会社を含む）の登記商号と同一で，営業所（会社の場合は本店）の所在場所も同一である商号を登記することはできない（商登27条）[14]。登記の閲覧者に混乱をもたらさないためであるが，会社の場合は，商号によって登記される他の不動産登記等における混乱を避けることにもなる。

　商号の登記にはもちろん公示の意味があるが，個人商人の場合は登記するかどうかは自由なので，別の商人が同一地域内において同一の商号を使用している可能性を排除することはできない。商号権についても登記の有無による区別はないので，個人商人が商号を登記する意味は法的にはあまりない[15]。

　登記商号の譲渡・相続・変更・廃止に際しては，変更の登記が必要となる（次節）。

第5節　商号の譲渡・相続・変更・廃止

1　個人商人

　商号は名称であるが，財産的価値があるから，その譲渡も認められてしかる

---

13)　ただし，小商人は商号を登記することができない（本編第1章第1節3参照）。

14)　なお，登記商号が廃止されているのにその登記がされていないときなどは，同一商号を同一の所在場所で登記したい者は，登記の抹消を申請することができる（商登33条）。

15)　ただし，登記をすることで一般的な意味での信用を高めることにはなろうし，金融機関などとの取引上，商号登記をしている方がよい場合もあろう。

べきである（商号権の譲渡と構成される）。しかしながら，商号の譲渡は，当該商号が示す商人が別人になってしまうことだから，一般公衆の誤認を招く危険がある。そこで，①営業とともに商号を譲渡する場合，または，②営業を廃止して商号を譲渡する場合に限って，商号の譲渡が認められている（15条1項）。商人が従前の営業活動を継続しつつ，商号だけを他に譲渡するということが認められていないということである。

　①の場合は商号と営業の結びつきは保たれるが[16]，②の場合はそれも確保できない。しかし他方で，たとえば永年の営業活動によってその商号に財産的価値を得るに至った商人の投下資本の回収という利益を確保することも重要である。商人・商号・営業の結びつきが崩れてしまうことによる一般公衆の誤認の防止と，商人が培った商号の財産的価値の回収の利益との調整をはかっているわけである。

　登記商号の場合，譲渡による変更の登記が必要となる（10条，商登29条2項・30条1項・2項）。この登記をしない限り，譲受人は商号の移転を第三者に対抗できない（主張できない）（15条2項）。未登記商号についても，登記が第三者に対する対抗要件とされている（同項は登記商号・未登記商号を区別していない）[17]。

　商号の相続も認められるが，相続の場合に上記①②のような制限はない。被相続人が商号を登記していた場合，その営業を引き継いで商号の相続による変更の登記をするか，相続した営業を商号とともに譲渡して，譲受人が商号の譲渡による変更の登記をするか，営業を廃止して商号の廃止の登記をするかは（10条，商登29条2項・30条3項・32条），相続人の意思に委ねられる。

　商号の変更は，商号選定自由の原則の範囲内において，自由である。登記商号の場合は，変更の登記をしなければならない（10条，商登29条2項）。廃止の場合も同様である。

2　会　社

　会社法は，会社の商号は法人格そのものを示す名称であって譲渡することはできないということを前提としているように解される（商登34条2項参照）。も

---

16)　なお，この場合の規制（商号の譲渡人の債権者・債務者保護の規制）として17条がある。商号と営業の結びつきが保たれているがゆえの規制である。本編第4章第5節参照。

17)　小商人に登記商号はないし（前掲注13）参照），未登記商号を譲り受けた小商人もその登記はできない。相続の場合も同様である。

ちろん，定款を変更して商号を変更することはできる（変更の登記が必要である，会社909条）。また，A株式会社が「A株式会社」という商号を用いていた場合に，B株式会社が「A株式会社」という商号を用いることもできる（A社がこれに同意していない場合などに問題となる法規制はある，**本章第3節2参照**）。

　つまり，A社がその事業をB社に譲渡し，同時に，B社がその商号を変更して「A株式会社」を用いるようになったとしても，法的にはそれは商号の譲渡によるものではなく，事実上「商号を引き続き使用」（会社22条1項）しているということである（個人商人の場合はそれと異なり，17条1項の適用は商号の譲渡による場合もある）。また，事業の譲渡の前に，A社が（たとえば）「C株式会社」に商号を変更しておき，B社が事業を譲り受けると同時に「A株式会社」に商号を変更するということも可能であり，現象的には「A株式会社」という商号の譲渡とほぼ変わらない。しかし，この場合，事業譲渡の時点では「A株式会社」はA社の商号ではなくなっているので，法的には商号の譲渡ではない。さらに，事業譲渡とA社・B社の商号変更が同時であれば，商号の譲渡と紙一重となるが，法的には，ただ両社の商号変更が同時に行われたものと捉えることになろう（会社22条1項にはあたる）。会社の商号の譲渡が認められないことによって実務的に支障が生じるようなことはないと思われる。

　会社の商号の相続はない。また，廃止もないと解される（上記のように，変更はありうるが，たとえ事業の全部の譲渡をしたとしても，法人格が存続している限り，その商号がなくなるということはない）。

第6節　名板貸人の責任

1　規制の意義

　商人Aが，A自身の商号を使用して営業（事業）活動を行うことをBに認め[18]，BがAの商号を使用してBとしての営業（事業）活動を行う場合，一般公衆は，Bの活動をAの活動と誤認することがありうる。しかし，BはAに黙って「不正の目的」（**本章第2節2(4)参照**）でAの商号を使用しているわけではないし，「不正競争」（**本章第3節2(2)参照**）があるわけでもない。商号選定自由の原則のもと，Bのこのような商号利用も，また，AがBに自分の商号の

18）　Aの名声や信用をBが利用するような場合，使用の対価を支払うこともあろう。

使用を許諾することも契約自由の範疇である（名板貸契約）。

　しかし他方で，真実とは異なる外観が生じていることではある（Bは自らを示すものとしてAの商号を使用しているのにもかかわらず，Bと取引をするCは，Aの商号を通してAという商人・Aの営業〔事業〕を想起している可能性がある）[19]。そこで，たとえばBは現実には十分な資力を有していないのに，Cは自分の相手はAだと誤認して取引をする（結果，Cが容易に債権を満足することができない状況に陥ってしまう）ケースなども出てきうることになり，この場合のCを保護する必要性が生じることになる。そして，Cにとって，たとえば錯誤による意思表示として取引を取り消しうるというのでは完全な保護とはいえない。Cが望んだとおり取引は有効としたうえで，誤認から生じる不利益をカバーする規制を用意することが，Cの保護につながる（外観信頼保護規定，コラム11参照）。

　商法・会社法は，こうした場合に，一定の要件の下，B・C間の取引から生じたCに対するBの債務を，AもBと連帯して弁済する責任を負う旨を定める（14条，会社9条，以下この節で本条という）[20]。その趣旨は，「第三者が名義貸与者を真実の営業主であると誤認して名義貸与を受けた者との間で取引をした場合に，名義貸与者が営業主であるとの外観を信頼した第三者を保護し，もって取引の安全を期するということにある」（最判昭和58年1月25日判時1072号144頁，なお最判昭和52年12月23日民集31巻7号1570頁）。ただし，表見代理や表見支配人の制度と異なり，BがAの代理人であったかのごとくAに法律効果が生じるというわけではない（AがCに対する債権を有することにはならない）ということに注意しなければならない。BはAの代理人として（またはAの代理人とみせかけて）Cと取引をしたわけではなく，あくまでB自身が取引当事者であるという意思でCと取引をしたことから，BとCとの取引による法律効果はB・C間に生じる。これに加えて，Bの債務につきAに連帯責任を負わせるという規定である。

　この場合のAを「名板貸人」といい，Bを「名板借人」という。

---

[19]　ここでの「真実とは異なる外観」は，Aの商号は本来Aを指すということから生じている。これも真実なのであるが，ここでいう「真実」は，Aの商号を使用しているもののBは自分が取引当事者である意思で取引をしているということである。このBの意思と異なるCの誤認を生ぜしめる外観が，「真実とは異なる外観」である。

[20]　一般公衆も誤認しているかもしれないが，本条は，そうした抽象的な誤認ではなく，個別具体的な状況において誤認をしたまま取引をした者を保護する規定である。

```
コラム19
```

名板貸人の責任規定

　名板貸は，もともと，免許を受けた取引所の取引員が取引員でない者に自己の名義を貸して，その者に営業をさせる行為を指していた（狭義の名板貸）。取引所法に違反する行為であったが，広く行われていたようである。それが一般化され，ある者が，自己の氏・氏名・商号などの名称を使用して営業することを他人に許諾する場合を含めて名板貸と呼ぶようになった（広義の名板貸）。

　大審院は，名板貸をめぐる私法上の法律関係につき，民法109条や715条，条理（禁反言の法理）によって判断していたが，昭和13（1938）年改正商法は，広義の名板貸人（「自己ノ氏，氏名又ハ商号」の使用を他人に許諾した「者」）の責任についての規定を新設した（平成17年改正前商法23条）。ただし，平成17（2005）年改正商法・同年制定会社法は，その対象を「自己の商号」の使用を他人に許諾した「商人」，「会社」と限定した（本条）。

2　要　件

(1)　総　説

　本条は外観信頼保護規定の一環と位置づけられる。そこで，本条の要件として，まず，①真実と異なる外観の存在・②当該外観が作出されるにあたり，本条が適用されれば不利益を受ける者（名板貸人）に帰責事由があること・③本条により保護される者（名板借人）に保護事由があることがあげられる（コラム11参照）。具体的には，①外観は，名板借人が使用した名板貸人の商号を通じて，取引の相手方にとって，名板貸人が取引当事者であるとみえること（後記(3)），②名板貸人の帰責事由は，自己の商号を名板借人の営業（事業）に使用することを許諾したこと（後記(4)），③取引の相手方の保護事由は，自分は名板貸人と取引をしているとの誤認をしたこと（後記(5)）である。ただし，これを実際の事例に適用する場合，その事案において①②③の各要件が充たされるかどうかは相関的に判断される（本書第2編第2章第2節参照）。

　また，本条は名板貸人も名板借人も商人であることが前提となる規定となっている。このことも本条の要件といえる（後記(2)）。

　本節では，上記①②③に含めて取り扱うこともできるが，それらと別の要件として整理した方がよいと思われる要件（またはその検討）は，別に取り扱う

（後記(6)〜(8)）。

(2)　名板貸人・名板借人が商人であること

　現在，本条は，名板貸人の商号を名板借人が営業（事業）のために使用する場合を規定している（コラム19参照）。つまり，名板貸人は商号を有していることを前提としているので商人であり（ただし，事案により，過去に商人であった場合も含む），名板借人は営業（事業）を行うことを前提としているのでやはり商人であることが前提とされている。文言上は，これらが要件と解される[21]。では，類推適用の余地はないであろうか。

　かつての判例に，戦前からの経緯により「東京地方裁判所厚生部」は東京地方裁判所とは別の組織であることを前提に，東京地方裁判所が当該厚生部の事業の継続を認めたことをもって，「厚生部」の取引が自己の取引であるかの外観を作出したものと判断したものがある（最判昭和35年10月21日民集14巻12号2661頁）。「東京地方裁判所」は氏・氏名・商号ではないから，当時においても類推適用と解されるが，現行法のもとにおいても，名板貸人が商人でない場合にも類推適用の余地はあると解すべきであろう。

(3)　外観の存在

　名板借人との取引の相手方にとって，名板貸人が取引当事者であるとみえる（名板借人が名板貸人の代表者・代理人であるとみえる場合も含む）ことが，外観である。その契機は，名板借人が名板貸人の商号を使用していることであるが，名板借人と取引の相手方との間での取引の経緯や取引をめぐる諸事情などの事実を含めて客観的に評価したときに，取引の相手方からはそうみえると評価できることが，外観の存在の要件といえよう。

　名板借人が使用した名板貸人の商号は，「支店」，「営業所」，「出張所」などの語を附加した場合も含まれる（最判昭和33年2月21日民集12巻2号282頁）。その商号が想起させる営業（事業）の範囲内に属することを示す商号であればよい（東京地判昭和27年3月10日下民集3巻3号335頁参照[22]）。ただし，その範囲は，

---

21)　なお，商人適格がある法人を規制する法が，商法所定の商号規制を一般的には適用排除しているものの，名板貸人の責任規定をおいていたり（たとえば一般法人9条・8条。なお固有の商人である法人〔特定目的会社，投資法人〕について同様の規制を置くものとして，資産流動化14条2項・197条，投信63条の2第2項・64条6項），商人適格がない法人を規制する法が，名板貸人の責任規定を準用していることもある（たとえば，相互保険会社について保険業21条1項）。本節での記述は本条の適用に限定する。

現在では相当に広いと解される（後記(6)参照）。

　「使用」には，名板借人が自己の商号として名板貸人の商号を使用する場合のほか，自己の商品名などに名板貸人の商号を使用するような場合も含む。

(4)　名板貸人の帰責事由

　自己の商号使用の「許諾」は，黙示でもよい（最判昭和30年9月9日民集9巻10号1247頁）。ただし，自己の商号を他人が使用していても，その使用を差し止める義務を負うわけではないので，他人の使用を放置しているだけで黙示の使用許諾があったとするわけにはいかない。自分の取引だと誤認される可能性を認識しながら放置していたものと客観的に評価できる場合に，名板貸人としての黙示の許諾が認められる。また，薬事法に基づく薬局の登録申請（保健衛生に関する業務の運営主体を特定する趣旨も含む）につき，薬局の開設者として自己の名義を使用することを他人に許諾し，その他人が登録を申請した場合は，その申請を通じて自己が営業主となる意思を示したものとして，名義使用を許諾した者は本条の名板貸人にあたるとした判例もある（最判昭和32年1月31日民集11巻1号161号）[23]。

　名板貸人の商号使用の許諾が，名板借人の手形行為に際しての使用に限られていた場合，本条の適用はあるか。判例は，手形行為のみの使用許諾は，営業（事業）を行うことの許諾にあたらないとする（最判昭和42年6月6日判時487号56頁）。それとは異なり，名板貸人の商号使用の許諾は営業を行うことの許諾であったが，名板借人がその商号を使用して営業活動をしたことはなく，ただ当該商号をもって手形取引はしていたという事例については，本条の類推適用を認めた（最判昭和55年7月15日判時982号144頁）。

(5)　取引相手方の保護事由

　名板借人と取引をした相手方が，名板借人が名板貸人の商号を使用していることなどを契機として，自分は名板貸人と取引をしているものと「誤認」していたことも要件である。通常は，名板借人を名板貸人本人またはその代理人・

---

22)　百貨店業を営む株式会社小林百貨店が，その売場内において営業しているが，別の営業主体である株式会社小林百貨店書籍部と書籍の卸売業者との取引につき，名板貸人とされた事例。

23)　なお，本件の名義使用許諾者が商人であるかは不明であり，現行法のもとでは類推適用されるかという問題となる。また，本件では薬局の登録は未完了であったので，名板借人の開業準備行為に本条が類推適用されうることを示した判例と位置づけられよう。

代表者と誤認していたということとなろう。それに対して，名板借人が営業（事業）主体であることを知っていた場合や名板貸人がすでに廃業したことを知っていた場合（つまり，それらにつき悪意である場合）などは，取引の相手方に「誤認はない」から保護の必要はなく，本条の適用はない。

　判例・通説は，誤認が過失による場合でも本条は適用されるが，重過失は悪意と同様に取り扱われるべきとし，名板借人の誤認に重過失がある場合は本条の適用はないとする（最判昭和41年1月27日民集20巻1号111頁）[24]。無過失を要するか，無重過失で足りると解するか，実際の事案の解決に与える影響はないと思われるが，商法・会社法上の他の外観信頼保護規定をめぐる議論との均衡を重視するなら，理論的にも本条の要件は「誤認について重過失がないこと」と解するのが妥当であろう。

　この悪意重過失（「誤認」にあたらないこと）を立証する責任は，名板貸人にあると解される（最判昭和43年6月13日民集22巻6号1171頁）。

(6)　**名板借人の意思**

　名板借人に，名板貸人の商号を自己の商号として使用している意思（その取引において自分が権利義務の主体となる意思）があることも，本条の要件といえる（コラム20参照）。ただし，取引的不法行為の場合は（後記(8)参照），名板借人自身，誰が権利義務の主体となる取引かには関心をもっていないかもしれない。

　表見代表取締役や表見支配人制度と本条とでは，一定の外観のもとで取引をした名板借人の意思がどうであるかが異なる（もっとも，表見代理関係の事案では，行為者の意思は曖昧であるともいわれる）。少なくとも本条においては，名板借人は自分の取引として行為をしたことを要すると解するのが本来であろう。

コラム20

表見代表取締役制度との関係

　表見代表取締役の規定（会社354条）の類推適用か，本条の適用かが問題になった事案がある（浦和地判平成11年8月6日判時1696号155頁）。A社

---

24)　裁判所が判示することがあるこの「悪意と同視される重過失」は，悪意の心証はあるものの立証されたとまではいいきれないと判断される場合に使われる重過失概念といわれる。この限りでは，あくまで「法の適用」の場面で使われる重過失概念である。

の業務を請け負う契約を締結していたＢは，自己の商号で自己の業務も行っ
ていたが，その仕事を取りやすいようにするため，Ａ社の専務取締役である
ことを示す名刺の使用を許諾されていた。Ｂに雇用されていたＣが，未払賃
金の支払いをＡ社に求めた事案である。

　本判決は，ＢはＡ社の取締役でも使用人でもないため，表見代表取締役の
規定の類推適用を否定した。他方で，Ｂの営業がＡ社の営業であるかのよう
な外観を呈する名刺をＢが使用することを許諾していたものとし，その他の
事実からＣの誤認に重過失があったともいえないとして，本条を適用した。
いずれとも構成できそうだが，Ｂ・Ｃ間の雇用契約について，ＢはＡ社の代
表者ないし代理人としてではなく，自らが契約主体であるとの意思で締結し
ていたということが，本条の適用という結論の決め手になったのではないだ
ろうか。

(7)　営業（事業）の同種性

　名板貸人も名板借人も商人である場合（名板貸人が過去に商人であった場合も
含む），本条が適用されるためには両者が行っている営業（事業）が同種のもの
である必要があるかという問題がある。

　判例は，営業が同種であることを要件とする（最判昭和36年12月5日民集15巻
11号2652頁，前掲最判昭和43年6月13日民集22巻6号1171頁－特段の事情がある場
合は別）。同種でないと外観が成立しないとするのか，その場合の誤認は保護
に値しない（保護事由がない）とするのか，あるいは商号使用を許諾した同種
の営業についてのみ帰責事由を認めるべきとするのかは，明らかではない[25]。

　学説には営業の同種性を要求しない見解が多い。組織再編行為の常態化や営
業の多角化が浸透している現在，取引の相手方が取引の際に，名板貸人が現に
行っている営業を確認しなければならないという解釈は，取引の迅速性を不当
に害することになろう。営業が同種でないという事実は，特段の事情の有無の
判断ではなく，外観の存在・帰責事由の有無・保護事由の有無の判断の一要素
として勘案されればよい。名板貸人と名板借人の営業とが同種であることは，
本条適用の要件ではないと解される。

---

25)　本文の最判昭和36年12月5日は，名板貸人はミシン販売について商号使用を許諾
　　していたが，名板借人が勝手に行った電気器具販売業にかかる取引について，本条の
　　適用を否定した事例である。

⑻　取引によって生じた債務

　「当該取引によって生じた債務」とは，取引の相手方が名板貸人と取引をするものと信じて取引関係に入ったために，名板借人が負担することとなった債務をいう（前掲最判昭和52年12月23日民集31巻7号1570頁）。名板借人の商品代金支払債務や工事請負代金債務などはもちろん，債務不履行による損害賠償債務や，契約解除による原状回復義務なども含まれる。名板借人が締結した売買契約が合意解除され，名板借人が手附金の返還を約した場合の手附金返還債務も含むとした判例がある（前掲最判昭和30年9月9日民集9巻10号1247頁）。

　交通事故など事実行為たる不法行為によって名板借人が負担するに至った損害賠償債務は，「取引によって生じた債務」にあたらない。名板借人の営業活動に伴う不法行為であっても，被害者には外観に対する信頼があるわけではない。また，こうした債務について，名板借人と被害者との間で，たんにその支払金額と支払方法を定めるにすぎない示談契約が締結された場合に，被害者が名板貸人をその終局的な負担者と誤認していたとしても，その契約に基づく損害賠償債務も「取引によって生じた債務」にはあたらないとした判例がある（前掲最判昭和52年12月23日）。

　しかし，名板借人が行った取引行為の外形をもつ不法行為（取引的不法行為）により負担することになった損害賠償債務は，「当該取引によって生じた債務」にあたる（前掲最判昭和58年1月25日判時1072号144頁－取込詐欺の事例）。この場合の被害者には，外観に対する信頼により損害が生じている。当該取引行為から生じた債務自体について名板貸人の責任を追及することもできるが，その場合は当該取引が有効に成立したことを立証する必要が生じる。また，常に民法715条の適用が肯定されるわけでもない[26]。取引的不法行為に基づく損害賠償債務について本条の適用範囲に含めることには意味があろう。

　概括的にいえば，本条の適用要件たる「取引によって生じた債務」には，名板借人と取引の相手方との取引により生じた債務自体のほか，名板借人の債務不履行による損害賠償債務のように，その取引に関連して生じた債務も含まれる。また，純然たる不法行為に基づく債務は含まれないものの，取引的不法行為により負担した債務は含まれる。

---

[26]　本条の適用を認めた本文の最判昭和58年1月25日の一審・二審判決は，民法715条の適用を否定していた。

3　効　果

　名板貸人は，自己を取引の相手方と誤認して名板借人と取引をした相手方に対して，当該取引によって名板借人に生じた債務につき，名板借人と連帯して弁済の責めを負う。

4　一般消費者保護と本条の類推適用

　A株式会社が運営するスーパーマーケットの屋上でペットショップを営んでいたテナントBから手乗りインコを購入した顧客Cの家族が，このインコが保有していたオウム病クラミジアに感染してオウム病を発症し，その母親は死亡したという事例がある。Cの側は，Bに対して民法718条1項，709条，415条に基づく損害賠償請求をしたが，同時に，A社に対しても本条の適用ないし類推適用を主張した。この事例において，A社はBに対してA社の商号使用を禁じていたようであるから，本条の直接適用はできないが（商号の使用許諾はない），類推適用の余地が認められた（最判平成7年11月30日民集49巻9号2972頁）。

　最高裁で問題となった点について，まず外観の有無がある。A社・B間の出店および店舗使用に関する契約などにおいて，スーパーとしての統一的な営業が行われていたことや，屋上案内板や屋上への階段の踊り場正面の壁には「ペットショップ」とだけ表示されていたことなどにより，一般顧客に対し，Bの営業があたかもA社の営業の一部門であるかのような外観を与えるとされた。Bの店舗の前にはBの名称を書いた看板がつり下げられていたり，従業員の服装，レシート，包装紙等もA社直営の売場のものと異なっていたという事実（外観がないとの評価につながる事実）を踏まえつつも，外観の存在を肯定した（同時に，保護事由も肯定したといえよう）。ケース・バイ・ケースの判断になるが，「店舗の構造や営業方法による外観」に基づく本条の外観の成立の余地を認めたことになる。

　次に，上記外観についてのA社の関与や，Bが契約場所をはみ出して，屋上への階段の踊り場等に値札を付けた商品を置いたり，契約場所以外の壁に「大売出し」と大書した紙を何枚も貼り付けていたのをA社は黙認していたということなどから，A社の帰責事由を認めた。

　同様に，D株式会社が運営する温泉付きホテルの中で営業しているマッサージ店Eでマッサージの施術を受けた宿泊客が，同施術の過誤に起因して四肢不全麻痺などの障害を負うに至った場合に，Eに対する損害賠償請求のほか，D

社に対する本条の類推適用を主張した事例もある（大阪高判平成28年10月13日金
判1512号8頁）。本件でも，諸事実の評価に基づき，本条の類推適用が認められ
た。

　これらの事案において，類推適用だとしても，本条の要件を充たすといえる
かの疑問もある。テナントがマクドナルドであったら，それがスーパーの営業
だという外観が成立する余地はない。しかし，広く知られていないテナント
（商人）であること，そうした商人と一般消費者との取引であること，取引か
ら生じた損害の内容などが，事実の評価に大きく影響したと思われる。一定の
施設内の店舗での取引であり，当該施設の運営主体がその運営に責任をもって
いるだろうという一般的認識が認められるとして，それを法的にどう捉えるか，
あるいはこの一般的認識が今後どう変化していくかなどによるが，少なくとも
スーパーやデパート，ホテルなどの事例において本条の類推適用による解決は，
過渡的な手段なのではないだろうか。

第3章

営 業

第1節 営業概念

1 総 説

　商人概念や商行為概念と並んで商法全体を通じて用いられている概念として
「営業」という概念がある。商法には，「業とする」，「営む」，「営業を行う」，
「営業のために使用する財産」，「営業上の利益」，「営業を廃止する」，「営業を
譲渡」などの語がたびたび登場する。ただし「営業」の定義規定はない。そこ
で，上記などの条文上の語の使われ方から「営業の意義」を確定するほかない。
なお，会社法では「営業」という語に代えて「事業」という語が使われている
が，「営業」と同義であると解される（503条2項の「営業」について，最判平成
20年2月22日民集62巻2号576頁)[1]。以下，本章で「営業」と記す場合は，個人
商人の「営業」と会社の「事業」とを含み，「商人」には会社も含む。

　商法における「営業」の語の使われ方からは，営業とは，①商人が営利の目
的で同種の行為を反復継続して行っている活動，すなわち「営業活動」という
意味と，②資金，店舗，備品，商品などの営業活動のために使われる財産，す
なわち「営業財産」というふたつの意味で使われている[2]。もっとも，具体的
な条文には，①②のどちらの意味も含んでいるという場合もあるので（たとえ
ば15条1項・21条1項），それぞれの条文の「営業」の意味は，必ず①②どちら
かに振り分けられなければならないというわけではない。営業には①営業活動
と，②営業財産の意味があるが（さらに下記2参照），それらをあわせた全体を
指す語と捉えられる。

---

1)　もっとも，完全に同義であるわけではない（本編第2章第1節1参照）。
2)　①の営業活動を「主観的意義の営業」，②の営業財産を「客観的意義の営業」と
　いうこともある。なお，使用人・従業員などが商人のいわゆる人的設備を構成するも
　のとして営業財産の一要素とされることがある。しかし，法的には，使用人や従業員
　が財産というわけではない。それらの者を自らの営業活動のために指揮命令できる地
　位にある（権限がある）ということをもって，日常用語的に「財産」と表現される。

商人は，営利を目的として同種の行為を反復継続して「営業活動」を行う。この営業活動を行うために「営業財産」を用いる（個々の活動により財産は変動する）。そして，商人はその名称である「商号」を用いて営業活動を継続することで，商号は商人を示すだけでなく，その営業活動・営業財産を想起させることにもなり，商号と営業活動・営業財産も結びつく。商人・商号・営業は三位一体の関係にあるわけである（前記第2編第2章第1節・第2節参照）。

2 営業の二つの意義

(1) 営業活動（主観的意義の営業）

「営業」の意味の一つである営業活動とは，商人が営利の目的をもって計画的に一定の対外的経済活動を反復継続することである[3]。典型的には，商品を仕入れ，その費用に利益を加えた代金で他人に売却して利得を得ようとする投機購買およびその実行行為（501条1号）を反復継続して行うことである。

商人の営業活動については，営業の自由が職業選択の自由（憲22条1項）の内容として保障される（前記本書第1編第2章第1節など）。そして，経済活動の自由は，公共の福祉に反しないように，法律上の制限が加えられる場合がある。たとえば，事業の公共性がある銀行業，電気事業などは自由に事業を行うことはできず，その事業を営むためには監督官庁の免許，許可などが必要とされたり[4]，監督官庁への登録などが必要とされたりするものがある[5]。また，経済社会における独占による市場機能が失われることを防ぐために，独占禁止法などにより，事業の譲受けや合併など一定の企業再編行為などが制限される場合がある（独禁15〜15条の3，16条）。

(2) 営業財産（客観的意義の営業）

「営業」のもう一つの意味は，営業財産である。たとえば，商人が商品を仕入れて販売するために，①現金，店舗やその什器，仕入れた商品，運搬のための車両などの不動産，動産，また商品・サービスを表示するために使う商標な

---

3) 営利の目的は対外的活動による利得の獲得といえるが，商法の規定の多くが反復継続するものであることや公法人の事業を考えれば，少なくとも収入と支出が適合することで足りると解される。
4) たとえば，銀行4条，保険業3条，また電気事業者のうち一般送配電事業者（電気事業3条）など。
5) たとえば，金融商品取引法の金融商品取引業者（金商29条），電気事業者のうち小売電気事業者（電気事業2条の2）など。

どのほか，②独自の販売のためのノウハウなど（下記参照）が一体となって機能するような財産であることを意味している。これらが一定の目的に向かって，お互いに関連しながら機能するものであることを指して，営業財産とは「一定の営業目的のため組織化され，有機的一体として機能する財産（得意先関係等の経済的価値のある事実関係を含む）」（最大判昭和40年9月22日民集19巻6号1600頁）などといわれる。なお，営業財産には，これらの積極財産（①②）だけでなく，③営業活動によって生じる債務（消極財産）も含まれる。

　このように，営業財産（積極財産）には，上記①動産・不動産・債権などの権利の客体となるものばかりではなく，上記②営業上・技術上の秘訣・ノウハウ，仕入先・得意先などとの関係，名声などの「経済的価値のある事実関係」（のれん・暖簾・老舗などといわれる）を含むものと捉えることが重要である[6]。これらは権利の客体たりえないために「事実関係」なのであるが，これが存在することによって，個々の動産・不動産などが結びつきあい，一定の目的に向かって一体として機能することになる。つまり営業財産の中核にあって，（法的には個別の権利として構成される）その他の財産を結びつけているのは，この「経済的価値のある事実関係（のれん）」である。これを含むものとして営業財産が譲渡されるから，営業財産の譲渡については民法の規制では足らず，商法・会社法に特則がおかれることになる（民法の適用を排除するという意味での特則ではない）。一定の営業財産の譲渡（営業譲渡）規制については，**本編第4章**参照。

　個人商人の営業に対する債権者は，営業財産だけでなく，一般の債権者と並んで，個人生活用の財産に対しても強制執行をなしうる。これは，商人個人が権利義務の主体であり，個人生活用の財産を含めて債権者に対する責任財産となっているためである。個人商人は，会計帳簿の作成などにより，個人生活用の財産と営業財産とを事実上区別することはできるが，法的には区別されない（後記**本編第5章第2節**参照）。

6）　法人税法上の「営業権」に関し，「営業権とは，当該企業の長年にわたる伝統と社会的信用，立地条件，特殊の製造技術及び特殊の取引関係の存在並びにそれらの独占性等を総合した，他の企業を上回る企業収益を稼得することができる無形の財産的価値を有する事実関係である」と判示した判例がある（最判昭和51年7月13日判時831号29頁）。その内容は，ここでいう「のれん」に相当し，企業会計規制においても「営業権」という語が使われるが（企業会計原則注解［注25］），私法上は権利の客体とはならない（「営業権」とはいわない）。

　なお，営業資金の調達などにおいて担保を認めることも理論上可能であると思われる。しかし，鉄道抵当法などによる財団抵当や企業担保法による企業担保の制度を利用するほかは，営業財産を担保とするための一般的な法制度の整備がなされていないため，個々の財産について質権や抵当権などの設定によることになる。

コラム21

企業会計規制上の「のれん」

　企業会計規制上は，のれんは特定の意味に限定されている。のれんの金銭評価は困難なので，それを自己創設して貸借対照表上の資産として計上することは認められない。吸収型再編，新設型再編または事業の譲受けをする場合に，資産の一項目などとして計算書類に計上される（会計規11条・74条3項3号リ・75条2項2号ヘ・88条2項など）。

　概括的には，たとえば，吸収合併存続会社が交付する組織再編の対価の額と，吸収合併消滅会社の純資産の額の差額が，存続会社の貸借対照表に計上されるのれんの額となる。

コラム22

営業財産に対する加害

　営業財産に対する他人の加害行為によって侵害を受けた場合，その損害をどのように考えるか，学説上争いがある。個々の財産や財産的事実関係の侵害を問題にすればよいとする見解と，有機的組織体としての特定の利益が侵害を受けた場合，その事実関係に対する侵害も不法行為による損害賠償が認められるべきであるとする見解がある。

　たとえば，第三者が，ある商人の営業活動に対して，環境に悪影響がある商品を販売しているとして，事実と異なる情報をインターネットなどに流布することにより，その商人の取引の減少や顧客が離れることで売上げが減った場合に，その損害を企業の人格権の侵害としてだけでなく，営業財産への侵害としても賠償請求することができるだろう。有機的一体としての事実関係に対する侵害も違法な侵害として，法的に保護される利益があり，有機的

に結びつくことからくる利益に損害が生じるときは損害賠償請求が認められるべきと解する（民709条参照）。

第2節　営業所

　営業所とは，商人の営業活動の中心として，営業の指揮命令が発せられ，対外的な取引活動その他の営業活動の一定程度独立した中心となる場所である。商人の営業所は複数であってよい[7]。単に商品の取引が行われる店舗などや，単に事実行為を行うだけの商品倉庫などは営業所ではない。営業所であるかどうかは，商人の主観ではなく，客観的に実質的に営業の中心かどうかで判断される（最判昭和37年5月1日民集16巻5号1031頁[8]，後記**本編第6章第2節5(2)**参照）。

　複数の営業所がある場合，営業全体について指揮命令する主たる営業所を本店という。また，支店は，本店の指揮命令に服しているが，しかし，本店などから一定の独立した決定権限を有し，取引などの決済ができるような営業所である。その名称や設備だけでなく，主たる営業所から離れて一定の範囲において対外的に独自の営業活動をなすべき組織を有する場合であり，具体的には，期間限定であって名称が出張所などであっても一定の独立した取引決済権限が与えられるような場合は営業所であり，反対に，営業所や支社，地域統括支社などの名称を使っていても，一定の範囲で本店と独立した決済の権限がないような場合は，営業所ではないことになる[9]。

　商人の営業所ごとの営業も一定の独立性があることから，営業所ごとに独立して営業譲渡をすることができる[10]。

---

7)　商人は1個の営業に対して複数の営業所を設けることも，1カ所の営業所で複数の営業をすることもできる。商法は，本店と支店の区別をせず，単に「営業所」としている。

8)　支社の支社長という名称が使われていても，具体的事例から会社法13条の「本店又は支店」の実質を欠いているとされた事例。

9)　また，支社，地域統括会社などの名称で，独立した法人組織をとる場合は，法人としては別の組織となる。企業グループを形成して，親会社や親会社等である商人として子会社形態で事業活動を行うことになる。近年では会社分割などの組織再編行為の法整備が進んだことから，支社・支店の機能を子会社が果たすという場合も多い。

10)　たとえば，「○○ホールディングス」などの名称で純粋持株会社である完全親会社を頂点とする企業グループを形成しているような場合において，他社や他の企業グループなどへの子会社事業の譲渡をするときは，完全親会社が完全子会社の全株式を

　営業所は，債務の履行地（516条），裁判管轄（民訴4条4項・5項，5条5号など），商業登記の管轄（8条，商登1条の3・28条1項）の決定の基準となる。

　なお，会社法は「営業所」ではなく「本店・支店」の語を用い（会社27条3号・49条・576条1項3号・579条など），その区別をしている[11]。

譲渡することでそれを実現することができ，事業譲渡に比べるとその事業の移転を比較的容易にすることができる（なお，親会社が支配権を手放すような子会社株式の譲渡についても，事業譲渡の場合と同様に，株主総会の特別決議を必要とする，会社467条1項2号の2）。

11)　会社の住所は，その本店の所在地にあるものとされる（会社4条）。その本店の所在地において会社の登記がされないとならないが（同49条・579条），令和元年改正により，支店の所在地における登記の制度は廃止された。

第4章

営業譲渡

第1節　営業譲渡に対する規制

　商人がその「営業」を他人に譲渡することも認められる（契約自由の原則）。営業を譲り受けようとする者は，「のれん」を含む「有機的一体として機能する財産（営業財産）」（前記第3章第1節2(2)参照）を譲り受けるのだから，当該営業を受け継いで営業活動を行っていくことを予定しているであろう（そうでなければ「のれん」を譲り受ける必要がない)[1]。のれん（たとえば営業上のノウハウや仕入先・得意先の情報）も受け継ぐから，自ら営業を一から立ち上げていく必要がない（自分でノウハウを会得したり取引相手を開拓していくコストが省ける）。そこに，権利の客体となる個々の財産をただ一括して譲り受けるということにはないメリットがある。そこで，営業に，個々の財産の総計以上の価値を認め，その分の譲渡対価を支払うことになる。他方，営業を譲渡する商人も，自らが培ってきたのれんの分も含めた対価を得ることで，そこに投下してきた資本を回収することができる。

　こうした譲渡が行われること自体は契約自由の範疇であるが，民法が想定していない事態が生じるため，民法による規制では足りない規制が商法総則編におかれている。それが，①商法16条〜18条の2である。そして同様のことは会社の「事業」の譲渡についてもいえ，②−1　会社法第1編総則の21条〜23条の2はそれと同旨の規定をおいている。そしてこれらのうち商法17条〜18条の2は個人商人間における営業譲渡，会社法22条〜23条の2は会社間における事業譲渡を念頭においているので[2]，②−2　個人商人がその営業を会社に譲渡する場合や，会社がその事業を個人商人に譲渡する場合について，会社法24条がおかれている（第2編第2章第1節図表1参照）。

---

　1)　商法17条1項は，「営業を譲り受けた商人」を適用対象としている。営業を譲り受ける時点では商人でないとしても，その者は営業を受け継ぎ，商人として活動していくということを前提とした規定だといえるだろう。

　また，それとは別に，③株式会社においては，事業譲渡を行うに際しての会社内部における手続規制がある（株主総会特別決議による承認が必要であることなど）。これは，会社法第2編第7章（会社467条～470条）で規制されている[3]。

　①②は同旨の規定であるが，③の規制の趣旨は異なることから，①②の規制の対象となる「営業（事業）譲渡」と，③が対象とする「事業譲渡」とが同義なのかどうかは争われる（コラム24参照）。本章は①②の規制を取り扱う。以下，「営業譲渡」と記す場合は「事業譲渡」も含み，「商人」には会社も含む。また，条文は（16条1項・17条1項，会社21条1項・22条1項それぞれのかっこ書），営業を譲渡した商人を「譲渡人」，営業を譲り受けた商人を「譲受人」，事業を譲渡した会社を「譲渡会社」，事業を譲り受けた会社を「譲受会社」とするが，以下では「譲渡人」は「譲渡会社」を含み，「譲受人」は「譲受会社」を含むものとする。

第2節　営業譲渡の意義

　商法総則編・会社法総則編（上記第1節①②）の規制が対象とする「営業譲渡」の意義については，現在，解釈論としては争いがないといってよい（コラム23参照）。すなわち，営業譲渡とは，「営業そのものの全部または重要な一部を譲渡すること，詳言すれば，一定の営業目的のため組織化され，有機的一体として機能する財産（得意先関係等の経済的価値のある事実関係を含む）の全部または重要な一部を譲渡し，これによって，譲渡会社がその財産によって営んでいた営業的活動の全部または重要な一部を譲受人に受け継がせ，譲渡会社がその譲渡の限度に応じ法律上当然に商法16条・会社法21条に定める競業避止義務を負う結果を伴うものをいう」（最大判昭和40年9月22日民集19巻6号1600頁参照）。

　この判例は会社法第2編第7章（上記第1節③）所定の事業譲渡についての判断をする前提として上記第1節①②についてこのように判示したうえで，③も同義だとした。すなわち，営業譲渡とは，ⓐ一定の営業目的のため組織化さ

2）　16条は個人商人間の営業譲渡に限っていないから，譲受人が会社の場合でも適用される。同様に会社法21条の適用は，譲受人が個人商人である場合も含む。
3）　持分会社について明文規定はないが，定款変更や合併に準じる行為として，原則として総社員の同意が必要と解されている。

れ，有機的一体として機能する財産（得意先関係等の経済的価値のある事実関係を含む）の譲渡であり，ⓑこの譲渡によって，譲渡人がその財産によって営んでいた営業活動を譲受人に受け継がせるものであり，ⓒ譲渡人がその譲渡の限度に応じ法律上当然に競業避止義務（16条，会社21条）を負う結果を伴うものをいう。

コラム23

営業譲渡はどのような行為か

　営業譲渡という行為をどのように捉えるかには，見解の対立がある。①「有機的一体として機能する財産」の譲渡と解する見解，②「のれん」が譲渡されることに営業譲渡の本質があるとする見解，③営業主の地位が交代ないし承継されることにその本質があるとする見解，④「有機的一体としての財産」の移転（①）と営業主としての地位の承継（③）とのふたつの要素を含むところに本質があるとする見解などがある。

　本文の最大判昭和40年は④の見解に立つものと整理される場合があるが，本文のⓐⓑⓒは別個独立の三つの要件を示しているのではなく，三位一体の関係にある（営業譲渡という行為を三つの側面から表現している）ものと解される（後記**コラム24**参照）。同一場所で外観もそのままの店舗・従前からの使用人をもって営業が継続される場合など，現象としては営業主が交代しただけのものと捉えられるが，私法上の「譲渡」の対象として考える限り，①の見解が妥当であろう[4]。

　いずれにせよ，解釈論として，商法総則編所定の営業譲渡（16条～18条の2），会社法総則編所定の事業譲渡（21条～23条の2）についての意義は，本文の最大判昭和40年が示した内容（本文ⓐⓑⓒ）と捉えることに争いはない。

4）　不動産の譲渡について，権利の客体たる不動産の所有者が交代する行為とみるのではなく，権利の主体たる譲渡人から譲受人に所有権が移転したと理解されるのと同じである。

コラム24

会社法467条所定の事業譲渡

　会社法467条〜470条の適用対象となる事業譲渡（467条1項1号・2号に該当し，ゆえに468条以下で「事業譲渡等」として規制される行為）が，本文ⓐⓑⓒを意味しているのかは争いがある。

　本文の最大判昭和40年が，**本文第1節①②について本文ⓐⓑⓒを判示した**上で，③も同義だとした形式的な根拠は，法概念の同一性にあると解される。同じ法律の中で使われている同一の用語は同じ意味と解されるべきであるということだが，趣旨が異なるなら異なる意味に解しても問題はない（法概念の相対性）。

　会社法467条以下は，会社に重大な影響を与える財産の譲渡行為について，譲渡会社の株主の利益に配慮した規制である。譲受会社が事業を承継するかどうかは当該株主には関係ない要素であり，また，競業避止義務を負うことが譲渡会社に与える影響はさまざまであることから，本文ⓒあるいは本文ⓑⓒとも会社法467条の事業譲渡にあたるかどうかには関係しないとする見解がある。

　しかし，事業譲渡は，のれんを含む「有機的一体として機能する財産」の譲渡であり，のれんを含めて取得する譲受会社は，それを利用して事業活動を行うことが予定されているものであり，それゆえに譲渡会社に競業避止義務が法定された。このⓐⓑⓒは，一定の財産の譲渡行為を三つの側面から捉えた三位一体の関係にある要素ではないか[5]。実際には，のれんを取得しておきながらそれを利用しない譲受会社があってもかまわないし，譲渡会社・譲受会社間の特約で競業避止義務を排除する場合があってもかまわない。しかし具体的に当事者がどうするかとは関係なく，当該譲渡の内容を客観的に捉えたときにⓐⓑⓒの要素が備わっていると評価される譲渡を，会社法467条以下の事業譲渡と捉えてよいと思われる[6]。

　なお，株式会社においては，特定の譲渡行為が事業譲渡にあたらなくとも，

5）　もちろんⓐがあるからⓑⓒが問題になるのであって，譲渡の対象たる財産がⓐにあたると評価されるかどうかが出発点ではある。なお，譲渡会社ののれんについても，具体的な事業譲渡契約で承継する内容を限定することももちろんできる。

6）　ⓒについていえば，当事者間の特約の有無以前に，譲渡会社に競業避止義務が発生すべき内容の譲渡と客観的に評価されるかどうかが問題とされる（判例にいう「法律上，当然に」の意味）。それはつまりⓐにあたるかどうかという問題である。

会社にとって「重要な財産の処分」にあたる場合は，取締役会による決定が必要となる（会社362条4項1号）。昭和56年商法改正でこの条文が新設された以上は，重要な事業用の財産の譲渡であれば会社法467条以下の事業譲渡に含めるとする見解は，解釈論としては採ることができないと解される。

コラム25

営業譲渡と企業組織再編

　営業譲渡と類似の機能を実現する会社の行為として，合併などの組織再編行為がある。合併は，会社の全事業を，別の会社に包括的に承継させる組織法上の行為である（会社2条27号・28号）。また，会社が有する事業の全部または一部を別の会社に承継させる会社分割（会社2条29号・30号），純粋持株会社を頂点とする企業グループを形成する方法として，株式交換（会社2条31号），株式移転（会社2条32号），親子会社関係を形成するための株式交付の制度（会社2条32号の2）といった組織法上の行為がある。

　営業譲渡と同様に，合併や会社分割は，会社の事業の全部または一部を他の会社に移転する行為である。反面，営業譲渡が取引法上の行為であるのに対して，合併などの組織法上の行為は，効果や手続，瑕疵の治癒方法などの法的規制が異なることになる。

　当然のことながら，個人商人は，合併などの会社法上の組織再編行為を行うことはできない。

第3節　営業譲渡契約

　営業譲渡契約は，譲渡人と譲受人との間の営業の移転を目的とする債権契約である。契約書を作成するのが通常ではあろうが，諾成契約である。有償でも無償でもよい。

　譲渡の対象は，譲渡人が営む営業の全部でも一部でもよく，複数の営業所のうちの一営業所でもよい。また，その営業に属する個別の特定の財産を除外する契約も自由である。譲渡の対象が「有機的一体として機能する財産」と評価されるなら，営業譲渡規制の対象となる。

　ただし，株式会社が事業譲渡を行うときは，株主総会の特別決議によって事業譲渡契約の承認が必要となる場合がある（前記**本章第1節**参照）。

　なお，営業の譲渡ではないが，営業を現物出資することも認められるし，その場合，営業譲渡の規制が類推適用される（現行の会社法22条1項についての最判昭和47年3月2日民集26巻2号183頁参照）[7]。法律的性質は異なるが，いずれも法律行為による営業の移転であることや，利害関係者に与える影響が共通することによる。

第4節　営業譲渡の効果

1　営業移転義務

　営業譲渡契約は営業を譲渡する取引法上の行為であり，譲渡人には，当該営業に属する個別の財産を移転する義務・第三者に対する対抗要件を備える義務が生じる（特定承継）[8]。移転すべき財産の範囲は，契約の内容による。特約がなければ，譲渡人の営業に属する一切の財産であると解される。

　譲渡人には，動産については引渡し（民178条），不動産は所有権移転登記（民177条）の申請に協力をする義務が生じる。債権の移転については，債務者への通知など（民467条・520条の19第1項）の債権の種類に応じた手続を行う義務を負う（指図証券などについては民520条の2・520条の13・520条の20）。登記商号については登記の移転（11条・10条，商登29条2項），特許権や商標権などについては登録が必要である（特許98条，商標30条4項・31条5項）。手形・小切手などの有価証券は裏書交付が必要となる（手形14条1項，小切手17条1項）。

　債務についても，債務引受けなどについての個別の手続が必要である（民470条・472条）[9]。

7）「鉄玉組」という商号で運送業を営んできた個人商人が，「株式会社鉄玉組」という商号の会社を設立した事例。原審は，営業の現物出資としつつ，それとは別に債務の承継があったかどうかを判断したが（承継した事実はないとした），本判決は，現物出資であっても現会社法22条1項が類推適用されるものと判断した。

8）　営業譲渡は，企業再編の目的のために利用されるということでは会社法の組織再編行為に類似するが（コラム25参照），合併，会社分割などのように包括承継ではなく，包括的権利移転の効果は生じない（会社750条1項・752条1項・754条1項・756条1項・759条1項・761条1項・764条1項・766条1項と対比）。

9）　実務上は，債務者の交替による更改（民514条）はあまり利用されないともいわれる。

営業譲渡契約の内容として，契約上の地位の移転が含まれていることも多かろうが，これについては，譲渡人の契約の相手方の承諾が必要である（民539条の2）。譲渡人と使用人（労働者）との労働契約についての契約上の地位の移転についても，契約の相手方（使用人・労働者）の個別の承諾が必要だということだが，労働契約については特に規定がある（民625条1項）[10]。

権利の客体ではない「のれん」については，譲渡人には，譲受人がこれらを利用できるようにする義務が生じる。営業上のノウハウや仕入先・得意先情報などの伝授・提供や，取引先への紹介などの事実行為をする義務である。

2　競業避止義務

営業の譲渡人は，営業譲渡後の一定期間・一定の地理的範囲内で，譲渡した営業と同一の営業を行ってはならないと規定されている（16条1項，会社21条1項）[11]。譲渡人は自らが培ってきた営業上のノウハウなどの「のれん」を含めて譲渡し，その分の対価も受け取っている。にもかかわらず，それを譲受人より十分に活用できる譲渡人が営業を行い，譲受人から顧客を奪っていくというのでは，のれんの対価も支払った譲受人からすれば，契約の趣旨に反した行為であるということになろう。民法による規制ではこのような事態は想定されていないが，商法・会社法は，のれんを含めた営業譲渡につき，譲渡人にこうした義務を規定している（競業避止義務といわれる）[12]。

譲渡人が上記の事態を想定している場合は，営業譲渡契約において，これに対応する内容を定めるであろう。本条が定める競業避止義務は，あくまで「当事者の別段の意思表示がない」場合の規制である。契約で別の内容が定められていれば（極端には，譲受人が譲り受けた営業所の隣でも，譲渡人は営業を再開し

---

10)　会社等の事業譲渡・合併に関しては，労働者保護の観点からのガイドラインとして「事業譲渡又は合併を行うに当たって会社等が留意すべき事項に関する指針」（事業譲渡等指針，平成28年厚生労働省告示第318号）がある（法的拘束力はない）。

　　なお，会社分割による権利義務関係の移転は包括承継であり（組織法上の行為），個々の労働者の承諾は必要とされないが，「会社分割に伴う労働契約の承継等に関する法律」により，労働者の異議申立権などが規定されている。

11)　前掲注(2)参照

12)　同じく競業避止義務と呼ばれることが多い23条，会社法12条や28条，会社法17条（その他，会社356条1項1号・419条2項・482条4項・594条・651条2項）の規制とは趣旨がまったく異なることに留意が必要である。商法23条については後記本編第6章第2節4(2)，28条については後記本編第7章第3節2(3)参照。

てもよいなど），それが優先する。つまり，本条が適用されるのは，譲受人が上記の事態に思い至らないまま営業譲渡契約を締結した場合である[13]。上記の事態が生じた場合，譲受人は，譲渡人の営業は契約の趣旨に反していると主張するであろう。譲受人の合理的意思に鑑みるならば，譲渡人が営業を行うことは契約違反とされようが，その範囲を明確にするため（裁判官によってバラバラの判断がされることを避けるため），本条が規定された。譲渡人は，同一の市町村（特別区などを含む）の区域内およびこれに隣接する市町村の区域内においては，営業譲渡の日から20年間，同一の営業を行ってはならない。

　なお，期間を定めない競業禁止の特約が定められていたとしても，それは逆に譲受人の営業の機会を奪いすぎることになるため，その特約の効力は30年の期間に限られる（16条２項，会社21条２項）。

　以上とは別の趣旨で，譲渡人は不正の競争の目的をもって同一の営業を行ってはならないとされている（16条３項，会社21条３項）。譲渡人が譲受人の得意先を奪う目的で営業を行う場合が典型である（大判大正７年11月６日新聞1502号22頁参照）。商法16条１項・会社法21条１項または特約で定めた期間・地域にかかわらない。

　本条の違反があれば，譲渡人は譲受人に対して，債務不履行または不法行為に基づく損害賠償を請求できる。

第５節　譲渡人の債権者・債務者保護

1　総　説

　営業譲渡が行われる場合でも，個別の財産の移転手続や対抗要件の具備は，個別の財産ごとに行われる必要がある（前記本章第４節１参照）。ただし，営業譲渡契約において，譲渡される譲渡人Ａの営業から，特定の債務あるいは債権を除外することも認められる（前記本章第３節参照）。除外された債務・債権についての債権者Ｃ・債務者Ｄに対しては，何らの手続もとられない。そこで，Ｃ・Ｄは営業譲渡の事実を知らない場合も出てくる。ただ，この場合には変わらず譲渡人Ａが自らの債務者・債権者なので（債務者・債権者の交代はないので），民法による規制のうえでは問題がないとされる。しかし，①譲渡人Ａの商号を

---

13)　よって，現在ではこのような問題が生じることは少ないであろう。さまざまな事態に備えて契約を締結することが常態となっていると思われる。

譲受人Ｂが引き続き使用することにより[14]，Ｃ・Ｄは当該商号を通じてＢを
Ａと誤認してしまう場合が生じたり，また，②譲受人Ｂによって営業譲渡に伴
う特定の行為（新聞広告や取引先等への挨拶状の送付など）が行われたことを通
じて，Ｃが誤ってＢに債権を行使する場合が生じる。

つまり，Ｃ・Ｄの相手方は変わらずＡであるのが真実の法律関係であるが，
営業譲渡に伴い，Ｂに対して債務の履行・弁済の請求をする可能性が生じてく
るのである。これは民法による規制が想定していない事態から生じる問題であ
り，この場合のＣ・Ｄを保護する規制が商法・会社法におかれることにな
る[15]。上記①の場合につき後記２，②の場合につき後記４で取り扱う。

また，平成26（2014）年商法・会社法改正により，上記①と同じく譲渡人に
対する債権者Ｃを保護するものだが，それとは対象とする場面も趣旨も異なる
規制がおかれた。これは後記３で取り扱う。

これらは譲渡人の営業によって生じた債務・債権についての規制である。債
務不履行に基づく損害賠償債務は無論（最判昭和41年３月18日金判１号17頁参照），
不法行為・不当利得に基づく債権・債務も含む（最判昭和29年10月７日民集８巻
10号1795頁，最判昭和47年３月２日民集26巻２号183頁）。

なお，平成17年改正以前の商法は，譲渡人の商号を譲受人が「引き続き使用
する」ことを「商号を続用（ぞくよう）する」と規定していた。以下，この語を用いる。

コラム26

商号の続用

「商号を引き続き使用する場合」（商号を続用する場合，17条，会社22条）
にあたるかどうかは，どのように判断されるか。まったく同一の商号を続用
する場合はもちろん，個人商人が株式会社の設立に際して営業を現物出資し，
従来の商号に「株式会社」の文字を付加して使用する場合などは，商号の主
要部分の文字が同じであることをもって，商号の続用があるといってよい（上

---

14)　個人商人については，ＡからＢに商号が譲渡されて，Ｂがそれを引き続き使用す
　　るという場合も含まれる。商号譲渡によらない場合を含め，本編第２章第５節１・２
　　参照。
15)　譲渡人が有している債権や債務についても，営業譲渡契約の内容としては契約上
　　の地位の移転（民539条の２）として約定されることも多いだろうが，商法・会社法
　　が規制しているのはそうした包括的な地位ではなく，個別の債権・債務についてであ
　　る。

記最判昭和47年３月２日）。ただし，譲渡人「有限会社米安商店」と譲受人
「合資会社新米安商店」の商号は，商号の続用にあたらない（最判昭和38年
３月１日民集17巻２号280頁）。会社の事業失敗に伴い，新会社を設立して
営業を譲渡する場合に「新」の字句は，取引の社会通念上，承継的字句では
なく，かえって新会社は旧会社の債務を承継しないことを示すものとされた。
それに対して，「イオキ商事株式会社」と「イオキ株式会社」では，「商事」
の有無が重要なちがいを示すとはいえないとされる（東京地判平成21年７月
15日判タ1319号225頁）。

　形式的に，名称の類似性がどの程度存するかはもちろん重要であるが，実
際には，倒産した会社が事業譲渡契約も曖昧なままに新会社で事業を継続す
るなどの事例が多かったこともあり，事業目的，営業所，従業員，施設など
の同一性を総合的に判断する一環として商号続用の有無が判断されることも
多い[16]。

　なお，商号の続用は，事実上の続用でよく，登記は関係ない。また，商号
を続用していない場合に本条が類推適用される場合も多い（下記**コラム28**参
照）。

2　譲渡人の債権者の保護

(1)　商号が続用される場合

(a)　17条１項

　譲渡人の営業によって生じた債務についての債権者は，営業譲渡後，誰に債
権を行使すべきか。①譲渡人Ａと譲受人Ｂの営業譲渡契約の内容として，Ｃに
対するＡの債務を含めるものである場合は，その内容の債務引受契約を含んで
いるということである。それが，ⓐ併存的債務引受契約である場合，Ｃの承諾
が効力発生要件とされている（民470条３項）。Ｃの承諾があれば問題はない。
Ｃの承諾がない場合[17]，Ｃの債務者は変わらずＡのままであるから，Ａに対
する弁済の請求は有効であるが，Ｃの承諾はＢに対する請求でも足りると解さ
れている。ⓑ免責的債務引受契約である場合も，Ｃの承諾が必要とされている
（民472条３項）。Ｃの承諾があれば問題はない。Ｃの承諾がない場合，Ａに対す
る弁済の請求はもちろん有効であるが，Ｂに対して請求した場合も，併存的債

---

16)　こうした事例では，商号続用がない場合でも，法人格否認の法理により解決され
　　る場合もある。なお，後掲注（22）参照。
17)　ＣはＡ・Ｂ間の営業譲渡の事実も知らないことも多いだろう。

務引受け（Bは債務者となる意思がある）として当該請求は有効とする解釈が有力のようである（民法学説）。結局，ⓐⓑの場合とも，Cが積極的な承諾の意思表示をしていなくても，Bに対する請求も有効と解される。ⓒ当該債務をBが引き受ける債務引受契約が別にB・C間で締結された場合は（民470条2項・472条2項），Cは契約当事者であり，Cにとって問題はない[18]。ⓓ当該債務引受けがA・B・Cの三面契約で行われれば，もちろん問題は生じない。

　以上の民法による規制（A・B間では債務引受契約がある場合の規制）に対して，営業譲渡において問題になるのは，②A・B間の営業譲渡契約の内容として，Cに対するAの債務が除外されていた場合である（当然，Cに対する手続〔承諾を求めるなど〕は何らとられない）。Cに対する債務者は変わらずAのままであるのに，Cが誤ってBに弁済の請求をしてしまうおそれが生じる。こうしたCの誤認は，営業譲渡によりBの営業となっているのに，Aの営業のままとみえる外観が生じるときに起こる（CはAに弁済の請求をしているつもりである）。商法・会社法は，これを「BがAの商号を続用する場合」とし[19]，商号の続用により真実と異なる外観（営業譲渡が行われたのに，行われていないようにみえる外観）が生じる事態を想定していない民法に対する特則をおいている（民法の適用を排除する特則ではない）。

　すなわち，譲受人が譲渡人の商号を続用する場合には，その譲受人も，譲渡人の営業によって生じた債務を弁済する責任を負うものとする（17条1項，会社22条1項，ただし下記(b)）。条文上は明らかではないが，②の場合，すなわちBがCに対するAの債務を引き受けていない場合の規制と解される。債務者はAのままであって，BはAと連帯責任を負うことになる。ただし，この規制の趣旨をどう考えるかについては争いがある（コラム27参照）。

　譲受人が本条所定の責任を負う場合，譲渡人の責任は，営業を譲渡した日の後，2年以内に請求または請求の予告をしない譲渡人の債権者に対しては，この期間を経過した時に消滅する（17条3項，会社22条3項）。この期間は除斥期間である。いつまでも連帯責任とするのは合理的ではなく，最終的には譲受人が負担すべき債務であると考えられたものと説明される。

---

18)　免責的債務引受けの場合は，契約が効力を生じるにはCからAへの通知が必要とされている（民472条2項）。

19)　「商号を続用する場合」の中には，本文の場合（営業譲渡の事実を知らなかった場合）以外も含まれるが，それについてはコラム27参照。

17条1項の趣旨

　本条の趣旨をどこに求めるかには争いがある。最判は，商号が続用される営業譲渡があった場合に，譲渡人の債権者が「同一の営業主体による営業が継続しているものと信じたり，営業主体の変更があったけれども譲受人により譲渡人の債務の引受けがされたと信じたりすることは，無理からぬもの」であることが，本条が規定されているゆえんであると解しているものと受け取れる（最判平成16年2月20日民集58巻2号367頁，前記最判昭和47年3月2日民集26巻2号183頁参照）。すなわち，一定の外観が形成されており，それを信頼した第三者を保護するための外観信頼保護規定のひとつとして位置づけているように解される。学説上もこれが通説であるといわれる（外観信頼保護説）。

　商号続用を通じて，譲受人を譲渡人と誤認してしまう可能性はある（本文の②）。そこで，本条の趣旨を外観信頼保護に求めることに理由がないわけではない（下記㋐）。しかし，本条の文言上は，譲渡人の債権者が，譲受人が債務者でないことを知っていても，商号続用の事実をもって譲受人に債権を行使できることから，一般的な意味での外観信頼保護の趣旨（前記コラム11参照）では説明しきれないことも確かである。また，上記最判が判示する「営業主体の変更があったけれども譲受人により譲渡人の債務の引受けがされたと信じた」という場合に，この信頼が保護に値するとはいえないのではないか。営業主体の変更を知っているのに，自らに債務引受けの承諾を求められていないのであれば，自らの債権に対応する債務の引受けはされていないと認識するべきであろう。こうした場合に本項が適用される根拠は，外観信頼保護ではなく，下記㋑に求められる。

　学説には，譲渡人の債権者は，譲渡人に対する信用よりもその営業に対する信用をもって債権を有するに至ったのであるから，営業が移転するなら自らの債権もそちらに移転してほしいという期待を持つのであり，この期待を保護するのが本条の趣旨であるとするものもある（営業財産担保説）。営業を譲渡しつつ，特定の債権者に対する債務を除外する理由との兼ね合いにもなるが，こうした債権者の期待も重視されるべきようにも思われる[20]。しかし，

---

20)　譲渡人には相応の対価が支払われているとしても，営業財産が散逸しやすい財産（金銭・金銭債権）に転化されてしまっているというケースも多かろうし，譲渡人が個人商人の場合は，商号の譲渡は営業譲渡・廃止とセットなので（15条1項，本編2

解釈論としては，商号の続用が本条の要件となっていることの説明が必要となろう。こうした債権者の期待は，商号の続用とは関係がないからである[21]。

本条は，営業譲渡が行われ，しかし譲渡人の特定の債権者についての譲渡人の債務が譲渡財産から除外されている場合の規定である。そして，㋐譲渡人の債権者が営業譲渡の事実を知らない場合・知らないことにつき重過失もない場合，商号の続用を通じて譲受人を譲渡人と誤認する可能性がある。この場合は外観信頼保護の趣旨で説明できるだろう。

それに対して，㋑譲渡人の債権者が，営業譲渡の事実を知っており，自らへの手続がないことから自らの債権（譲渡人の債務）が譲渡財産から除外されていることまで認識できるような場合などについては，商号を続用している譲受人には営業を一体として譲り受ける意思を対外的に表明しているものとみて，17条2項・会社法22条2項の手段（下記(b)参照）をとらない以上は譲受人にも特に責任を負わせた規定という以上の説明は困難であると考えられる[22]。

本項の趣旨としては，外観信頼保護を主としつつ，外部から認識しうる譲受人の意思と，営業の移転とともに自らの債権も移転してほしいという債権者の期待の保護の考慮も加えられた規定と解するほかないだろう。

コラム28

会社法22条1項の類推適用

ゴルフ場の運営会社の間でゴルフ場の営業譲渡が行われ，商号を続用してはいないものの，譲受会社は，譲渡会社が運営していた預託金会員制のゴルフクラブの名称を継続して使用していた（このクラブの名称を用いてこのゴルフ場の経営をしているということになる）という事例がある。最判は，本件は「ゴルフクラブの名称がゴルフ場の営業主体を表示するものとして用いられている場合」であるとし，**コラム27**の判示をして現会社法22条1項を類

　章第5節1参照），譲渡人は少なくとも当該営業は継続していないと想定される。
21）　将来的に，譲受人が責任を負う範囲として「承継した財産の価額を限度として」（18条の2第1項参照）と改正されることがあれば，この考慮が色濃い規定と解されていくことになるだろう。
22）　本条は，詐害営業譲渡（本文後記本節3）に近いケースや，法人格否認の法理（濫用事例）にもあたりうるケースなどにおいて機能してきたという事情もある（前掲注（16）参照）。

推適用した（前記最判平成16年2月20日民集58巻2号367頁）。「営業主体を表示する名称」の続用についての判断であるが，名称の続用に本項の類推適用が認められるかどうかは，それぞれの事例における諸事実を総合的に評価する中で判断されるであろう[23]。本件では，本項に基づく請求をしたのがゴルフクラブの会員であり，請求内容が預託金の返還であったという事実が，上記判断および結論に大きく影響したのではないかと思われる（営業上の取引相手ではない，いわば一般顧客である）。なお，本判決は，このような場合に譲受人が免責される特段の事情として，「譲受人が譲受後遅滞なく当該ゴルフクラブの会員によるゴルフ場施設の優先的利用を拒否した」事情がある場合を例示した。

　同じようにゴルフクラブの名称を継続使用していたが，事業譲渡ではなく，会社分割によって，新設分割会社から新設分割設立会社にゴルフ場の移転が行われたという事例がある。分割計画によれば，預託金返還債務は承継されないものとされていた。最判は，上記最判平成16年を引用しつつ，会社分割の場合にも現会社法22条1項を類推適用した（最判平成20年6月10日判時2014号150頁）。「法律行為によって事業の全部又は一部が別の権利義務の主体に承継されるという点において」事業の譲渡と異なるところはないとする。なお，会社分割における事前開示手続につき，ゴルフクラブの会員が，一定期間本店に備え置かれることになっている分割計画書を閲覧することを一般に期待することはできないとした。

　下級審判決にも以下のようなものがある（原告は必ずしも一般消費者などではない）。譲渡人「株式会社下田観光ホテル海山荘」から営業を譲り受けた譲受人が，ホテルの営業自体を表す名称（営業名）として「下田観光ホテル海山荘」を用いていた（伝票，封筒，宣伝ちらし類，建物に掲げてある大型の看板など）事例（東京地判昭和54年7月19日判タ398号146頁），譲受人が，譲渡人を表すものとして業界で浸透し，ブランド力を有するに至っていた「DWP」という名称を商号とし，同標章を使用していた事例（東京地判平成27年10月2日判時2331号120頁），店舗・商品を表す名称として，「HH」，「HL」，「SC」の名称をブランドとして用いていた譲渡人から事業を譲り受けた譲受人が，同一の店舗等において，同名称のブランドを展開して同種の営業を営んでいた事例（東京地判平成31年1月29日金判1566号45頁）などである。

---

23)　商号の続用があると評価するかどうかの判断と同じである（前記コラム26参照）。

▌　なお，営業の現物出資に対する類推適用につき，前記**本章第3節**参照。

(b) 17条2項

17条1項・会社法22条1項の責任は，営業譲渡の後，遅滞なく，譲受人は譲渡人の債務を弁済する責任を負わない旨を登記した場合は[24]，生じない。また，譲受人および譲渡人から第三者に対してその旨の通知をした場合に，その通知を受けた第三者に対しても，生じない（17条2項，会社22条2項）。

17条1項・会社法22条1項は，譲受人が譲渡人の債務を引き受けていない場合も，商号続用という事実のみをもって譲受人に責任を負わせているが，真実の法律関係どおりに責任を負わなくてもよくさせる手段を規定したものである。

(2)　商号の続用がない場合

譲受人が譲渡人の商号を続用しない場合であっても，譲受人が，譲渡人の営業によって生じた債務を引き受ける旨を広告したときは，譲渡人の債権者は，譲受人に対して弁済の請求をすることができる（18条1項，会社23条2項）。これについても条文からは明らかではないが，17条1項・会社法22条1項の場合と同じく（前記**本節**2(1)(a)参照），譲受人が譲渡人の特定の債務を引き受けていない（効力が発生していない）場合の規制と解されている。すなわち，商号を続用しない営業譲渡が行われ，譲渡の対象たる営業財産から一定の譲渡人の債務が除外されている場合，当該債務の債務者は相変わらず譲渡人のままであるが，債務引受けの広告をした譲受人は債務者でなくともその弁済責任を負うという旨の規制である。真実の法律関係についての主観的態様（善意・悪意）を問わない点で特殊であり，権利外観理論より禁反言の法理による方が説明しやすそうだが，いずれにせよ外観信頼保護規定のひとつに数えられる（**第2編第2章第3節**参照）。

この広告は，債務引受けの文字を用いていなくても，広告の趣旨が，社会通念上，債務を引き受けたものと債権者が一般に信じるようなものであれば足りる（前掲最判昭和29年10月7日民集8巻10号1795頁）。この判例は，この事案の諸事実のもとで，「地方鉄道軌道業並に沿線バス事業を……譲受け」という挨拶状の記載を，債務を引き受ける趣旨を包含するものとした。逆に，旧会社の廃業と新会社の設立を通知する挨拶状に業務継承の文字があっても，文書全体の文脈から，新会社が旧会社と同じ業務を開始する趣旨であって，債務引受けの

---

24)　個人商人の場合，商号登記簿に登記をする（商登31条参照）。

趣旨とは解されないとした判例もある（最判昭和36年10月13日民集5巻9号2320頁）。

　この広告がある場合，譲渡人の責任は，広告があった日の後，2年以内に請求または請求の予告をしない譲渡人の債権者に対しては，この期間を経過した時に消滅する（18条2項・会社23条2項）。商法17条3項・会社法22条3項（前記本節2(1)(a)参照）と同趣旨である。

3　詐害営業譲渡の場合

　平成17（2005）年会社法制定後，一部の債権者を害するような会社分割が行われる事例がみられるようになった。分割会社（吸収分割会社・新設分割会社）の優良部門を承継会社等（吸収分割承継会社・新設分割設立会社）に移転するとともに，分割会社は債権者を選別して，一部の債権者に対する債務は承継会社等に移転させない（不良部門しか残らない分割会社の債権者のままとする）という会社分割である（濫用的会社分割といわれる）。会社分割後も分割会社の債権者のままである者（残存債権者）は，自らの債務者の交代がないために債権者異議手続を認められない（無効の訴えの原告適格もない）ので，会社分割手続における自己防衛の手段はなかった。

　法人格否認の法理により承継会社等にも債権を行使できるケースもあるが，それは例外的なケースである。17条1項・会社法22条1項は，商号続用がないと適用されない。また，こうした事例に対応して，残存債権者に詐害行為取消権（民424条以下）を認める判例も登場したが（最判平成24年10月12日民集66巻10号3311頁），なおその場合の法律関係は明確ではなかった。そこで，平成26年商法・会社法改正は，濫用的会社分割に対応する規制をおき（会社759条4項〜7項・761条4項〜7項・764条4項〜7項・766条4項〜7項），同様の事態が想定される営業譲渡・事業譲渡についても同旨の規定をおいた（18条の2・会社23条の2）。こちらは「詐害営業譲渡」，「詐害事業譲渡」の語が規定されている（両条の見出し）。

　譲渡人が，残存債権者を害することを知って営業を譲渡した場合[25]，残存債権者は，譲受人に承継されなかった債務ではあるが，譲受人に対してその履行を請求することができる。ただし，譲受人にもその債権者など利害関係者は

　25）　「害することを知って」は，詐害行為取消権（民424条1項本文）におけると同様に解釈される。

存するので，その請求は譲受人が「承継した財産の価額を限度」とされ（同条
1項本文），また，譲受人が，営業譲渡の効力が生じた時において残存債権者
を害することを知らなかったときは，この請求はできない（同条1項但書）26)27)。

　譲受人の責任は，譲渡人が残存債権者を害することを知って営業を譲渡した
ことを譲受人が知った時から2年以内に請求または請求の予告をしない残存債
権者に対しては，その期間を経過した時に消滅し，営業譲渡の効力発生日から
10年を経過したときも消滅する（同条2項）。いずれも除斥期間である。また，
譲渡人について破産手続開始の決定，再生手続開始の決定があったときは，残
存債権者は譲受人に対して債務の履行の請求をすることはできない（同条3
項）28)。残存債権者間の平等を図るため，個別の権利行使を認めないこととし
ている。

4　譲渡人の債務者の保護

　譲渡人の営業によって生じた債権についての債務者は，営業譲渡後，誰に弁
済すべきか。譲渡の対象たる営業財産に，当該債務者に対する譲渡人の債権が
含まれていれば（譲渡人から譲受人に当該債権が譲渡されていれば），譲受人が当
該債務についての債権者になっており，譲受人への弁済は有効である。この債
権譲渡について債務者に対する対抗要件が備えられていれば（民467条1項），
当該債務者も債権者の交代を知っている。仮に対抗要件が備えられていない場
合（債務者が債権者の交代を知らない場合）でも，真の債権者への弁済であるか
ら有効である（なお，対抗要件が備えられていないのだから，営業の譲渡人への弁
済も有効である）。

　問題は，譲渡の対象たる営業財産から，当該債務者に対する譲渡人の債権が
除外されていた場合である。債権譲渡はないから，当然，当該債務者に対する
通知やその承諾（民467条1項）はない。譲受人が商号を続用する場合は，当該
債務者は営業譲渡の事実に気づかず，債権者になっていない譲受人に誤って弁

---

26)　また，会社分割の場合は，残存債権者にも債権者異議手続が認められる場合（い
　　わゆる人的分割の場合）については，この請求はできない（会社759条5項・761条5
　　項・764条5項・766条5項）。
27)　詐害営業譲渡のケースに対応して17条1項・会社法22条1項が機能してきた側面
　　があるが（前掲注(22)参照），商号続用があれば，18条の2・会社法23条の2らの
　　要件を充たさなくてもよいため，事案により今後もそうした機能を担っていくであろ
　　う。
28)　会社については，譲渡会社の更生手続開始の決定も含む（会社23条の2第3項）。

済してしまうおそれが出てくる。そしてこれは債権の受領権限のない者への弁済として，弁済としての効力を有しないというのが原則である（民479条）。しかし，この場合に債務者を保護するのが妥当だとするならば，商号の続用により真実と異なる外観（営業譲渡が行われたのに，行われていないようにみえる外観）が生じる事態を想定していない民法規制では足りず，商法・会社法にこのための規制がおかれなければならないことになる。

　そこで，商号が続用される営業譲渡が行われ，その譲渡の対象たる営業財産から一定の譲渡人の債権が除外されている場合，当該債権についての債務者が誤って譲受人に当該債務の弁済をしても，その弁済は有効となるものとされている（17条4項，会社22条4項）。ただし，債務者が，営業譲渡の事実につき善意・無重過失であることが要件である[29]。

　これは，弁済の局面での外観信頼保護の規定である（前記本書第2編第2章第3節参照）。弁済の局面で，債務者に必要以上に債権者の同一性についての確認を求めたのでは履行遅滞のおそれが生じてしまうし，こうした規定がないと二重弁済の危険を負わせることになるからである。

第6節　営業の賃貸借・経営委任

1　営業の賃貸借

　営業の賃貸借とは，商人が有機的一体である営業財産を，商人その他の者に賃貸することである。営業の賃貸借は，営業の目的のために営業財産を構成する店舗や使用人を一体として賃貸する契約であることから，単なる不動産などの賃貸借ではない。商法には明文の規定はないが，否定するものではない。商人が当事者となる非典型契約として認められる。会社法は会社が事業の全部の賃貸しをする場合に，事業譲渡等の一つとして株主総会の特別決議による承認を要するとして，事業譲渡と同様の手続的規制を定める（会社467条1項本文4号・468条1項・309条2項11号）[30]。

　営業の賃貸借では，営業主は賃借人である。賃貸人は営業の所有者にすぎず，

---

[29]　民法478条は，受領権者としての外観を有する者（表見受領権者）に対する弁済について，債務者が善意・無過失のときは，その弁済を有効としていることから，17条4項・会社法22条4項は，民法478条の特則といえる（ただし民法478条の適用を排除する特則ではない）。

[30]　そのほか，独占禁止法に定めがある（独禁16条1項3号参照）。

営業により生じる権利義務の主体は賃借人となる。賃貸人は賃料などを賃借人から得ることになる。

2　経営委任

　商人が経営を他の者に委託する契約を経営委任という。営業の賃貸借とは異なり，委託者である商人が営業主であり，委託者である商人に営業活動から生じる権利義務が帰属する。経営委任には，委託者である商人と受託者との内部関係において，営業上の損益が受託者に帰属する狭義の経営委任，さらに内部的にも営業上の損益は委託者である商人に帰属し，受託者は委託者から一定の報酬を受け取る経営管理とよばれるものがある。経営委任についても商法上明文の規定はないが，これを否定するものではなく非典型の契約として認められる。会社法は，賃貸借と同様に事業譲渡等の一つとして規定する（会社467条1項4号）。

第5章

商業帳簿

第1節　規制の位置づけ

　本章の対象は，商法総則編第5章「商業帳簿」の規制である。平成17（2005）
年商法改正・会社法制定により，商法総則編の多くの規制については，会社法
第1編総則にも同旨の規定がおかれることになったが，そこに「商業帳簿」の
章に対応する規定はない（前記本書第2編第2章第2節参照）。会社法全体を通
じて「商業帳簿」の語もない。会社の会計に対する規制は，会社法431条以下
（株式会社），同法614条以下（持分会社），法務省令（会社計算規則）などが詳細
に定める。それに対して，商法総則編の「商業帳簿」の章には1カ条しかない
（19条）[1]。

　以下，特に株式会社の会計に対する規制の必要性から発展してきた企業会計
規制を背景としつつも，もっぱら商法総則編の規制（19条，商施規4条～8条）
について取り扱う。本章では，この規制が適用される者を「個人商人」，より
広く個人商人と会社を含めて「企業」，個人商人の「営業」と会社の「事業」
をまとめて「営業」と記す。

第2節　規制の意義

　企業がまじめに営業活動を続けていこうとするなら，より利益をあげるため
に営業の現状を把握し，改善すべきは改善したりしながら，リスクを負いつつ
も新たな決定をしていくことになる。営業の現状を把握するためには，個人商
人は，財産面について，まず自らが所有する財産を「個人生活用の財産」と

1）　特定目的会社や投資法人は商人だが（前記第2編第3章第1節注7参照），「資産
の流動化に関する法律」14条2項，「投資信託及び投資法人に関する法律」63条の2
第2項は，商法19条が適用されない旨を規定したうえで，計算等につき，会社法類似
の規制をおいている（それぞれ98条以下，128条以下，またそれぞれ「特定目的会社
の計算に関する規則」，「投資法人の計算に関する規則」）。

「営業用財産」とに峻別しなければならない（会社には「個人生活用の財産」は
ない）。法的にはこれらは区別されないから[2]，帳簿を作成して，帳簿上，区
別するということになる[3]。そのうえで，どのような営業活動によって利益が
出たか（逆に損失が生じたか），その結果，現在の営業用財産の状態はどうなっ
ているかなどを把握する[4]。そのために日々行われる個々の取引などを帳簿に
記帳し，それをまとめていくという作業が行われる。企業会計とは，企業の活
動を金額で表すことである。

　こうした作業が，企業が自らの営業活動を成果あるものとしていくという目
的のものにとどまっている限り，そこに法規制を加える必要性は乏しい。自分
の使い勝手がよいような帳簿を作成すればよい[5]。それに対して，企業会計に
対する法規制は，共通のルールのもとに，その営業活動の成果を明確にさせて
広く開示させるための法規制である（企業会計法）。出資者が多くなったり，法
人企業，中でも株式会社であるなど（上場会社となればなおさら），利害関係者
が増え，社会に対する影響力が大きくなればなるほど，そうした法規制（あわ
せて会計を監査するシステムについての法規制）が強く求められていくことにな
る[6]。また，その開示内容の正確性を担保する法規制が整うことは，現在の出
資者，会社債権者などにとっても重要だが，これから投資・取引をしようとす
る者などを呼び込む契機ともなり，社会全体として取引の迅速性を促進し，活
発化させることになる。

　そこでは，企業は継続して存続していくことを前提として（継続企業，ゴー
イング・コンサーン），また，株式会社では株主に対する剰余金の配当を行う必
要などもあり，企業の活動を一定の会計期間ごとに区切って（営業年度），そ
の期間の損益の状況（どれだけの利益を獲得したのか，あるいは損失を発生させた

2）　いずれの財産についてもその所有者は当該個人である。個人生活における債権者
　も，営業活動についての債権者も，その商人個人の全財産を責任財産とする。
3）　銀行預金口座なども個人用と営業用を別に設けることもできる。
4）　商業帳簿の作成を義務づける平成17（2005）年改正前商法32条1項は，「…営業
　上ノ財産及損益ノ状況ヲ明カニスル為…」と定めていた。
5）　自らの経営管理のための企業会計を管理会計という（企業内部で経営者に資料を
　提供するための会計という意味で，内部報告会計ともいわれる）。
6）　種々の利害関係者への報告を最終的な目的とする企業会計を財務会計（外部報告
　会計）という。共通のルールの策定が求められるのであって，企業会計に対する商
　法・会社法の法規制は，財務会計についてのものである。なお，法律にしたがって行
　われる会計を制度会計という。つまり，財務会計には，制度会計と，企業が自主的に
　実施する会計（物価変動会計など情報会計といわれる）とがある。

か）を明瞭にしていくことになる（期間損益計算）[7]。つまり，上記のような日々の帳簿記載に加え，営業年度の末日後に，当該営業年度中の損益状況をまとめ，また，その末日時点（決算日）の財産状態を明らかにするための作業を行っていくことが必要とされる（決算手続）。

　個人商人は債権者に対して無限責任を負うから，その会計について規制を加える必要はあまりない[8]。個人商人についても上記の作業を経た貸借対照表の作成が義務づけられているが（下記次節参照），誰かに開示しなければならないという規制はないし，その作成義務に違反した場合の規定もない。個人商人と株式会社（さらに上場会社）では，その会計に対する法規制の必要性もその内容も大いに異なるわけである。

　なお，企業会計に対する法規制は，商法・会社法による規制（商法会計・会社法会計）のほか，公平な課税を目的とする税法による規制（税務会計），もっぱら上場会社の投資者保護を目的とする金融商品取引法による規制（金商法会計）[9]がある。トライアングル体制ともいわれる。法規制が異なれば，書類等の作成コストなどを大きくしていくことになるが，それぞれ目的が異なり，完全に統一的な法規制は難しい。

第3節　商業帳簿の意義

1　総説

　個人商人は，商業帳簿を作成しなければならない（19条2項）。商業帳簿とは，会計帳簿（下記2）と貸借対照表（後記3）をいう（同項かっこ書）[10]。

　商業帳簿は商人の営業のために使用する財産についての帳簿であって，法務省令（商法施行規則）の定めるところにより，適時・正確に作成することが求められている（同項）。書面または電磁的記録をもって作成することができる（商施規4条3項）。

7）　個人商人は，税法上の要請から，1月1日から12月31日が営業年度である。会社の事業年度は，当該会社が自由に定めうる。

8）　ただ，個人商人に対する商法規制が仮になくとも，金融機関から融資を受けるにも，信用取引をするに際しても，一定のルールに従った会計書類の提出が求められるだろう。

9）　たとえば，有価証券報告書に記載される貸借対照表などについて，「財務諸表等の用語，様式及び作成方法に関する規則」（財務諸表等規則）による規制がある。

　個人商人の場合，どのような債権者に対してもその責任財産は当該個人の全財産であることから，かつては，個人生活用の財産も記載すべきかが争われていたが，記載されれば営業上の損益などが不明確になる。昭和49（1974）年商法改正は，営業用財産に限ることを明らかにした。

　商人でない者（たとえば相互保険会社，各種協同組合）が作成する帳簿や，財産についての帳簿でないもの（たとえば取引先名簿，得意先台帳）は，商業帳簿ではない。小商人が作成する帳簿も同様である（7条参照）。

2　会計帳簿

　会計帳簿とは，商人（会社を含む）の営業上に生じる一切の取引（ここでは天災や事故等の営業上の財産に影響を及ぼす事項も含む）を継続的かつ組織的に記載する帳簿をいう[11]。仕訳帳（取引の発生順に，各取引を複式簿記に従って借方・貸方に仕訳して記帳する帳簿）と総勘定元帳（仕訳帳の記録を勘定科目ごとに分類して転記する帳簿）が重要なものとされる（主要簿）。その他，現金出納帳・受取手形記入帳・売掛金元帳・固定資産台帳など，総勘定元帳の内容に，より詳細な情報を加えて転記する帳簿がある（補助簿）。

　会計帳簿とは，これらの帳簿の総称であり，また，どのような帳簿を作成するか（帳簿組織）は，すべての商人に共通に求められるような固定的なものでもない。

　総勘定元帳の記録をもとに，試算表（・清算表）の作成を経て，貸借対照表（会社ではさらに損益計算書など）が作成される（誘導法，下記3）。

3　貸借対照表

　貸借対照表は，一定の時点（開業時点および各営業年度の末日時点）における

---

10)　株式会社では，会計帳簿（会社432条1項）と，計算書類（貸借対照表，損益計算書，株主資本等変動計算書，個別注記表）およびその附属明細書を（会社435条2項，会計規59条1項），持分会社では，会計帳簿（会社615条1項）および貸借対照表その他の計算書類を（会社の種類によって異なる，会計規71条1項），作成しなければならない。

　　　また，商人ではないが，たとえば一般社団法人・一般財団法人や相互保険会社などについても同様の規制がある（一般法人120条1項・123条1項・2項，保険業54条の2第1項・54条の3第1項・2項など）。

11)　平成17年改正前商法33条1項は，会計帳簿の記載事項として「営業上ノ財産及其ノ価額」，「取引其ノ他営業上ノ財産ニ影響ヲ及ボスベキ事項」を定めていた。

営業用財産の状態を示すものである（商施規7条1項・2項参照）。資産の部，負債の部，純資産の部に区分される（同8条1項）。勘定式の表示様式によるものでは，左側（借方{かりかた}）に資産の部が，右側（貸方{かしかた}）に負債の部と純資産の部が表示される。それぞれの部の内訳として，「土地」，「買掛金」など，より具体的な個々の項目（勘定科目）が示されるのがふつうである（同条2項）。右側は，商人がどのような方法で（債務を負う方法かそうでないか），いくら資金を調達したか[12]，左側には調達した資金をどのように使用しているか（つまり商人はどのような資産を有しているか）が示される。そこで，右側と左側の額の合計は等しくなる。各部・各勘定科目に記載された額は，株式会社においては，分配可能額の算定（会社446条・461条2項）などに利用される。

　法規制として，かつては，まず実地棚卸の結果によって個別の財産（積極財産・消極財産）ごとに価額を付して記載した財産目録を作成し，これをもとに貸借対照表が作成される方式（棚卸法）が採用されていた。現在は，昭和49（1974）年商法改正により，個人商人についても，会計帳簿に基づいて貸借対照表が作成される方式（誘導法）に移行している（商施規7条1項・2項）。実務的には，正確性を期すため，実地棚卸も行われる。

　貸借対照表は，なぜ利益（・損失）が生じたかを示すことはできない。これを示すのが損益計算書である（コラム29参照）。

　なお，**図表3**は，個人商人にはよりなじみがあるであろう「所得税青色申告決算書（一般用）」の貸借対照表であるので，上記の商法規制とは異なる箇所がある。

コラム29

損益計算書

　損益計算書は，個人商人には作成が義務づけられるものではなく，「商業帳簿」ではないが，株式会社では作成が義務づけられる（会社435条2項，持分会社では会社による，会社617条2項，会計規71条1項）。貸借対照表と同様，当該事業年度の会計帳簿に基づいて作成される（同59条3項・71条3項，なお成立の日の貸借対照表につき，同58条・70条）。

---

12)　営業活動による利益（留保利益）も，いわば企業内部からの資金調達として（自己金融ともいわれる），純資産の部に表示される。

図表３■貸借対照表（国税庁ウェブサイトより）

貸　借　対　照　表　（資産負債調）

（令和　年　月　日現在）

（令和二年分以降用）
65万円又は55万円の青色申告特別控除を受ける人は必ず記入してください。それ以外の人でも分かる箇所はできるだけ記入してください。

資　産　の　部			負　債・資　本　の　部		
科目	月　日（期首）	月　日（期末）	科目	月　日（期首）	月　日（期末）
現　　金	円	円	支　払　手　形	円	円
当　座　預　金			買　掛　金		
定　期　預　金			借　入　金		
その他の預金			未　払　金		
受　取　手　形			前　受　金		
売　掛　金			預　り　金		
有　価　証　券					
棚　卸　資　産					
前　払　金					
貸　付　金					
建　　物					
建物附属設備					
機　械　装　置					
車　両　運　搬　具			貸　倒　引　当　金		
工　具　器　具　備　品					
土　　地					
			事　業　主　借		
			元　入　金		
事　業　主　貸			青色申告特別控除前の所得金額		
合　　計			合　　計		

（注）「元入金」は、「期首の資産の総額」から「期首の負債の総額」を差し引いて計算します。

－4－

　損益計算書は，一定の期間（事業年度）において会社が獲得した収益，当該収益を獲得するために要した費用を示し，当期における損益の状況を示すものである。すなわち，当期の収益の総額から費用の総額を差し引いて損益を計算する（損益法）。売上高，売上原価，販売費及び一般管理費，営業外収益，営業外費用，特別利益，特別損失の項目に区分して表示される（同88条1項）。なお，期間損益計算の方法として，期末の純資産額から期首の純資産額を差し引いて計算する方法もあるが（財産法），これは棚卸法と結びついており，利益（・損失）の発生原因を明らかにすることはできないことなどから，とられない。

　損益計算書は，一営業年度の成果を示すものであって，決算期時点の財産

状態を網羅的に示すことはできない。これを示すのが貸借対照表である。

第4節　商業帳簿の作成基準

1　公正妥当な会計慣行

　商人の会計は，一般に公正妥当と認められる会計の慣行に従うものとされる（19条1項，なお会社431条・614条）。進展する会計技術や国際化の波に法規制がただちに対応することが困難であることを想定し，法規制がある場合もない場合も，上記慣行に従う旨を規定する。そしてその作成につき法規制を加えている場合も，その規定の適用にあたって，一般に公正妥当と認められる会計の基準その他の会計の慣行を斟酌すべきとしている（商施規4条2項，なお会計規3条）。斟酌すべきというのは，考慮すればよいという意味ではなく，特別の事情がない限り，それに従わなければならないという意味である。

　一般に公正妥当と認められる会計の基準その他の会計の慣行と認められるものとして「企業会計原則」（昭和24年，企業会計審議会）が代表的なものとされているが（個人商人を直接の対象とはしていない）[13]，株式会社にあっても，その規模や業種などによっても複数ありうる（特定の会計処理についても複数の処理方法が認められうることを示唆するものとして，最判平成20年7月18日刑集62巻7号2101頁）。個人商人の場合はなおさらであろう。商人の営業上の財産および損益の状況を明らかにするという目的に合致すると認められるかどうかによる。

2　資産の評価
(1)　原　則

　当然のことながら，会計帳簿の作成にあたっては，記帳する各事項の金銭評価をしなければならない（現金については評価の余地はない）。原則として，取得価額[14]を付すこととされている（商施規5条1項本文）[15]。原価主義という。

　それに対して，資産自体の現在価値を示すためには，評価時点における時価

---

13)　そのほか，企業会計基準委員会が公表している多くの企業会計基準（「時価の算定に関する会計基準」など），日本税理士会連合会などの4団体が公表している「中小企業の会計に関する指針」などもある。
14)　平成18年改正前商法施行規則と同様，取得価額には製作価額（自ら製作した資産についての価額）を含むと解される。

を基準とすることになる（時価主義）。いわゆる解散価値を正確に示すことはできるが，時価が原価を超えているときは，その評価益が計上されることになり，営業活動の成果を正確に反映することにはならない。また，見積もりや予測等による評価の不確実性も伴う。

　企業は継続して存続していくことを前提とすると（継続企業，ゴーイング・コンサーン），倒産・解散などによって清算することを前提としているような評価方法より，期間損益を明瞭にすることができる方法が妥当とされる[16]。そこで原価主義が原則とされる[17][18]。

(2)　**特　則**

①　営業年度の末日における時価が取得原価より著しく低くなっており，取得原価まで回復すると認められない資産については，時価を付する必要がある（商施規5条3項1号）。

②　営業年度の末日において予測することができない減損が生じた資産・減損損失を認識すべき資産については，その時の取得原価から相当の減額をした額を付する必要がある（同項2号）。災害などによる予想外の減損である。

③　取立不能のおそれがある債権については，取り立てることができないと見込まれる額を控除しなければならない（同条4項）。

④　取得価額を付することが適切でない資産（同条1項但書），債務額を付することが適切でない負債（同条5項但書）については，時価（または適正な価格）を付することができる。

---

15)　土地以外の固定資産については，相当な償却をした額が付される（商施規5条2項）。たとえば，ある機械を購入し，その機械が10年にわたって製品を製造して収益を生み出すとすると，購入時にその代金全額を費用として計上するのではなく（それではその期の利益算出に多大の影響を及ぼす），収益を生み出す10年をかけて費用化していくことが認められる（減価償却）。将来の収益にあわせて費用を配分していくという考え方（費用収益対応の原則）によるものである。

16)　現在でも，棚卸法（本章第3節3）によるべき清算会社については，財産目録および貸借対照表の作成が義務づけられ（清算株式会社につき会社492条1項），財産目録に計上すべき財産には処分価格を付することとされている（会施規144条2項，なお145条2項）。

17)　なお，原価主義・時価主義のほかに，低価主義（原価と時価の低い方の価額を基準とする，より堅実な評価をしようとする立場），時価以下主義（債権者保護を重視し，原価が時価を超えているときは時価，時価が原価を超えているときはいずれでもよいとする立場）がある。

18)　国際化と時価主義への流れについては，本書第1編第8章第6節参照。

⑤　のれん[19]は，有償で譲り受けた場合に限り，資産または負債として計
　上することができる（同条6項）。

第5節　商業帳簿の保存・提出

　個人商人は，帳簿閉鎖の時から10年間，商業帳簿およびその営業に関する重
要な資料を保存しなければならない（19条3項）。この保存義務は，将来，紛
争が生じた場合に備えるための規制と解されている。そこで，営業に関する重
要な資料とは，契約書，請求書，領収証，各種伝票などがこれにあたるとされ
る。書面または電磁的記録をもって保存することができる（商施規4条3項）。
　裁判所は，訴訟当事者の申立てにより，または職権により，訴訟当事者に対
して，商業帳簿の全部または一部の提出を命じることができる（19条4項）。
文書提出義務を定める民事訴訟法220条に対する特則として，当事者の申立て
の有無にかかわらず職権をもって提出を命じることができることを定める。そ
の証拠力について特別の規定はなく，自由心証主義の一般原則（民訴247条）に
よる（大判昭和17年9月8日新聞4799号10頁）。
　提出命令の対象となる帳簿は，商法・会社法以外の法令上の義務として作成
されたものであっても，商人の営業上の財産および損益の状況を明らかにする
ためのものであれば，これにあたると解すべきであろう（反対，東京高決昭和
54年2月15日下民集30巻1＝4号24頁）。また，商業帳簿（会計帳簿）にあたるも
のであれば，文書提出義務に服する文書である（民事訴訟法220条4号ニの文書
とはいえない）と解される。
　なお，保存義務・提出義務については，会社の会計帳簿・計算書類について
も同じ規制がおかれている（会社432条2項・434条，435条4項・443条，615条2
項・616条，617条4項・616条）。

---

19)　前記本編第3章第1節2(2)参照。

第6章

商業使用人

第1節　商業使用人制度

1　制度の意義

　個人商人は，自らの才覚に従い自由に営業活動を行うことができるが，自分
1人ですべてを行うことには限界がある[1]。すなわち，営業の規模を拡大した
り，営業の範囲を拡張したりするときには，他人の能力や労力の助けを借り，
営業活動を補助してもらうことも必要になる。

　商人の営業活動を補助する者は，企業の内部において特定の商人に従属して，
その営業活動を補助する者と，企業の外部から，法律上は自らも独立の商人と
しての資格を備え補助を行う者とに区別される。商業使用人は，前者に属する。
後者には，代理商，仲立人，問屋，運送取扱人などがある（**本編第7章第1節
図表5参照**）。

　商人と商業使用人との法律関係は，労務に服して報酬を受け取るという側面
と，商業使用人が商人を代理するという側面とがある。

　特定の商人に従属する商業使用人とその商人との間には，雇用関係がある
（内部的な法律関係）[2]。この内部的な法律関係については，一般的な雇用と同
様であることから，民法あるいは労働法の規制による。

　これに対して，商業使用人の行為の効果が商人に帰属する関係（対外的な法
律関係，代理関係）については，民法と異なる規制が必要になる。すなわち，
営業活動は，反復継続して行われるものであり，取引が迅速に行われることも

---

1)　無理をして1人で営業活動を行おうとすれば，迅速な営業活動に支障を来すこと
　も考えられる。
2)　商人と商業使用人との間に雇用契約があることから，代理権は雇用契約から発生
　するものと考えられる。これは雇用契約から，直接に，代理権が発生するとの見解
　（事務処理契約説）によるものである。代理権授与行為の法的性質に関しては，雇用
　契約とは別個独立の代理権授与行為により生じるとの見解（無名契約説・単独行為
　説）もあり，民法学説上，争いがある。

求められる。それにもかかわらず，ある使用人に商人を代理する権限があるの
か，その取引が代理権の範囲内のものであるのかを取引の相手方が確認しなけ
ればならないとすれば，迅速な取引を実現できない。そこで一定の者について
は，商人に代わって法律行為を行う包括的な代理権があるとするのが商業使用
人制度である。商法は，円滑な取引の実現と取引の安全を確保するため，代理
権の発生・変更・消滅と代理権の範囲につき，特別の規定を設けている（会社
法にも，ほぼ同内容の規定が置かれている）。

商法・会社法は，代理権の範囲によって三種類の使用人について規定してい
る。

2　商法・会社法上の商業使用人

商業使用人とは，特定の商人・会社の営業・事業活動を補助する者をいう。
以下では，補助される商人・会社を営業主と呼ぶ[3]。

商業使用人とは，営業主に従属する者をいう。この従属するとは，営業主の
指揮命令に従うことをいう。営業主と商業使用人との間に雇用関係がある場合，
「労働に従事する」関係にあるから，労働者は使用者（営業主）の指揮命令に
服することになる（民623条）[4]。

営業主に従属しその活動を補助する者には，現金出納や簿記の業務に従事す
る者や，生産部門の技師や職工もいる。このような営業主に代わって営業・事
業に関する代理権を行使するものでない者は，商業使用人にはあたらない。商
法・会社法が定める使用人に関する規定は，支配人に関する規定の一部を除き，
代理権に関するものであることに鑑みると，代理権を有しない者を商法・会社
法上の商業使用人とすることの実益は乏しい[5]。

---

3) 平成17（2005）年改正前商法においては，商業使用人により補助される商人を
「営業主」としていた（本編第1章第1節1参照）。
4) これに対して，雇用関係を必要とせず，委任関係で足りるとする見解もある。こ
れは，現実社会においては，雇用関係にない家族や友人が，営業主の営業活動を補助
することも多く，これらの者にも商業使用人として商法上の規定を適用しようという
ものである。しかし，商法および会社法の章名は「使用人」とされており，「使用人
との間の雇用関係」という規定（民308条）もあることから，商業使用人は，委任関
係より強力な従属関係の下にあることを前提としているように思われる。なお，雇用
関係はないが営業・事業に関する代理権を有する者については，支配人その他の使用
人に関する規定を類推適用することも考えられる。
5) これに対して，商人に従属して，商品売買や金銭の出納，簿記，通信などに関す
る業務（これらを「商業技術的業務」という）を補助する者を商業使用人とし，対外

図表4■商業使用人と商人・会社の関係

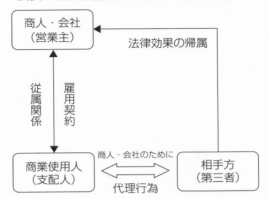

第2節　支配人

1　支配人の意義

　商法・会社法は，支配人を商人・会社に代わってその営業・事業に関する一切の裁判上または裁判外の行為をする権限を有する者と定め（23条1項，会社11条1項），支配人の代理権を包括的なものであると規定している（包括的代理権）。そして，その代理権に制限[6]が加えられたとしても善意の第三者には対抗できないとしている（23条3項，会社11条3項）。第三者に代理権の制限を対抗できないことから，支配人の代理権は，不可制限的代理権とも呼ばれる。これらにより，取引の相手方となる第三者は，取引にあたり，その内容が営業主の営業・事業に関する行為であることと，支配人であることを確認すれば，内部的な代理権の制限について調査する必要がないため，取引を安全かつ迅速に行うことができる。また，営業主としても，活動範囲を広げることが容易になる。

　では，支配人とは，どのようなものか。通説によると，支配人とは，営業主に代わってその営業・事業に関する一切の裁判上または裁判外の行為をする権

　的な代理権を有することは，商業使用人の要件でないとする見解もある。

6）　具体的には，約束手形の振出などの手形行為をすること，他人を保証すること，特定の取引をすること，あるいは，一定額以上の取引をすること，などについて，制限を加えることが考えられる。

限を与えられた者をいう（実質説）。すなわち，支配人にあたるかは，どのような範囲の代理権を授与されたかによって決定される。役職名や肩書き，支配人としての登記の有無は，支配人にあたるかの判断に影響を及ぼさないとする。この見解は，①「支配人」という名称が一般的でない以上[7]，包括的代理権の有無という実質を基準とするべきであること，②他の商業使用人が代理権の範囲の広狭により区別されることから，これと同じ基準で区別すべきことなどを根拠としている。

　これに対して，支配人とは，営業主よりその営業所の営業の主任者として選任された者をいうとの見解も有力である[8]。この見解は，①支配人制度が，代理権の範囲を定型化し取引の相手方を保護しようというものであるにもかかわらず，通説では，その趣旨が没却されること，②営業主が任用契約により，代理権の範囲を制限することがあり，この場合にはその制限を善意の第三者に対抗できないと規定されるにとどまること，などを根拠とする。そして，③通説によると，厳格な解釈をすれば，選任にあたり一部でも代理権が制限されていれば，それは支配人の代理権の制限ではなく，支配人であれば授与される包括的代理権が授与されなかったことになり，その者は支配人でないことになるため，商法21条3項は無意味な規定となってしまうと主張している。

　たしかに，有力説は，商法21条1項の規定を支配人に選任された者が有する代理権の内容を定めたものであると理解し，文言を忠実に解釈するようにも思われる。しかし，営業の主任者として選任された使用人とは，どのような者をいうのか。名称や肩書を有するか否かにかかわらず，商人が支店や営業所を設置したならば，その支店や営業所における支店長や営業所長（営業所の主任者）としての地位に就く者が選任されると思われる。ところが，「札幌支店長を命ずる」旨の選任行為があった場合でも，その者に包括的代理権を与えるかは，別の問題ではないか。すなわち，有力説は，代表取締役が株式会社の代表機関として選定されるときは，選定する者の意思にかかわらず，法律上当然に法の

7）　商法が制定された明治期には，日常的な経営業務を担当する「支配人」がおかれるのが一般的であったとされる。現在，ホテルや劇場において支配人と呼ばれるもの（役職や肩書）があるが，経営の全般を担当する者として「支配人」という名称は利用されなくなっている。

8）　通説（実質説）に対して，包括的代理権の授与ではなく，支配人またはこれと同一の名称を付与された者を支配人というとの見解があった（形式説）。これらの見解と区別するため，有力説と呼ぶこととする。

定める範囲の包括的代理権を有することとなる点に着目し，支配人の地位を前提として，その地位にあるものとして選任されるときは，選任者の意思にかかわらず，包括的代理権を有することになると解しているものと思われる。しかし，取締役会を設置する株式会社において選定しなければならない代表取締役とは異なり，支配人の設置は任意である。そうであれば，支配人の代理権については，代表取締役と同じように考えるのではなく，民法における任意代理人と同様に考えればよいのではないか。このように考えると，支配人の代理権の範囲は，契約により定められることとなり，支店を置いても，その主任者に包括的代理権を付与するかは，商人・会社の自由である。そうすると，この営業の主任者として選任された使用人を商法・会社法上の支配人として取り扱うことは，適切ではない（表見支配人にあたるかは，別途検討することになろう）。また実際，支店を置き，そこに支店長が選任されているにもかかわらず，当該支店長について，支配人としての登記がなされていない例は少なくない。これらがすべて登記義務懈怠というわけではないだろう（会社918条・976条1号）。通説が妥当と考える。先に示した「札幌支店長」に選任された例においては，その選任行為により付与された代理権を解釈して，包括的代理権が付与されていると法的に評価できる場合，その支店長は支配人であると解することになる。このとき，選任にあたり，代理権にわずかな制限が加えられたとしても，包括的代理権が付与されたが一部に制限があるものと評価できるならば，その者は支配人にあたらないとまで厳格に解する必要はないものと考える。反対に，包括的代理権が付与されたと評価されない場合には，その支店長は支配人でないことになる。

　営業の主任者であるような名称を付されている者が，包括的代理権が付与されていない場合，通説によると，表見支配人の問題となる（本節5参照）。これに対して有力説によれば，その者は支配人となるか，場合によっては，表見支配人の問題となるのであろう。

2　支配人の選任および終任と登記

(1)　支配人の選任・解任

　支配人は，営業主が選任・解任する[9]。会社が支配人を選任する場合，取締

---

9)　通説は，小商人には商業登記制度の適用がないこととの関連で，支配人を選任することができないと解する。

役会設置会社でない株式会社であって取締役が複数いるときは，取締役の過半
数の同意をもって，取締役会設置会社においては，取締役会決議をもって決定
しなければならず，各取締役に委任することはできない（会社348条3項1号・
362条4項3号）。支配人は広範な代理権を与えられる者であり，その選任・解
任は慎重な判断をもってなされることが求められるからである。もっとも，こ
のような手続は内部的な制限に過ぎず，これに違反して会社の代表者がした選
任は，原則として有効とされる（最判昭和40年9月22日民集19巻6号1656頁）。

　支配人は，支配人の権限として，他の支配人を選任・解任することはできな
い。支配人は，商人が設置した営業所において，営業に関する権限を有する
（20条・21条1項，会社10条・11条1項）。営業所の設置や営業の変更を行うのは
商人であり，支配人は営業主から与えられた権限において，他の使用人を選
任・解任できると定められている（21条2項）。他方，営業主から選任につき
代理権が与えられているときは，支配人も他の支配人を選任することができる。

　支配人は，自然人でなければならないが，制限行為能力者でもよい。

(2)　支配人の終任

　営業主と支配人との関係は，代理権の授与を伴う雇用関係であるから，代理
権の消滅または雇用関係の終了により，支配人は終任する。具体的には，支配
人の死亡，支配人が破産手続開始の決定または後見開始の審判を受けたこと
（民111条1項2号），解任または辞任（民111条2項・651条1項），営業主が破産
手続開始の決定を受けたこと（民653条），雇用期間の満了，雇用契約の解除ま
たは解約の申入れによる雇用の終了（民626条〜628条）が終任事由である。た
だし商人の死亡は，支配人の終任事由ではなく（506条），支配人は商人の相続
人の支配人となる[10]。これは，商人の死亡により代理権がすべて消滅すると
すれば，それにより営業活動が一時中断するという不都合を回避するものであ
る。また，取引の相手方も，営業主である商人よりも，いかなる営業と取引し
ているかを重視しているとされ，商人の死亡により代理権を消滅させる必要も
ない。

　支配人は営業主の営業・事業を前提とするから，営業の廃止，会社の解散も
終任事由となる。営業・事業譲渡がなされた場合には，契約の内容として支配

---

10)　商人の相続人が，当該商人の死亡の事実を知らず，現実には営業を承継しなかっ
　　た場合であっても，当該商人から委任を受けた代理人の代理権は，当該商人の死亡に
　　よって消滅しない（東京高判平成10年8月27日高民51巻2号102頁）。

人と営業主との雇用契約上の地位の移転が含まれることがある（**本編第4章第4節1**）。支配人は，営業の人的施設と解されるからである。

(3)　支配人の登記

支配人の選任および終任は，営業主の営業所または本店の所在地において登記しなければならない（22条，会社918条）。誰が支配人であるかは，営業主および取引の相手方にとって重大な利害関係を有する事項にあたるからである。

商人は，支配人の氏名および住所，商人の氏名および住所，支配人を置いた営業所に加えて，商人が数個の商号を使用して数種の営業をするときは，支配人が代理すべき営業およびその使用すべき商号について，登記しなければならない（商登43条）。支配人の代理権は，営業所ごとに個別化され，商人は，特定の商号により営まれる営業により個別化されるからである。会社の場合は，支配人の氏名および住所，支配人を置いた営業所について，登記しなければならない（商登44条）。

なお，1人で複数の営業所の支配人を兼ねることもできるが，その場合は各営業所について登記が必要となる。

3　支配人の代理権（支配権）

(1)　代理権の範囲

支配人は，営業主に代わってその営業・事業に関する一切の裁判上または裁判外の行為をする権限を有する（21条1項，会社11条1項）。法は，支配人の代理権は包括的なものであることを定めており（包括的代理権），このような代理権は支配権とも呼ばれる。

支配人の代理権は，営業主の営業・事業に関するものであるから，営業・事業により代理権の範囲が定まる。また，支配人は営業所において営業主の営業・事業を行う者であるから，その代理権も，営業所により個別化された特定の営業・事業の範囲内のものとなる（**本編第3章第2節参照**）。さらに，複数の商号を使用する商人の場合には，特定の商号により営まれる営業により個別化される（**本編第2章第1節1参照**）。

裁判上の行為とは，訴訟行為を指す。支配人は，営業・事業に関する行為について，営業主の訴訟代理人となることができる（民訴54条）。営業主の訴訟代理人として，弁護士を選任することもできる。

裁判外の行為とは，営業主の営業・事業に関する私法上の適法な行為をいう。

営業に関する行為であれば，法律行為に限らず，また有償・無償の別を問うことなく，含まれる。営業・事業に関する行為には，直接営業・事業の目的となる行為のほか，その目的を達成するために必要な行為[11]も含まれる[12]。

　ある行為が営業主の営業・事業に関する行為にあたるかは，その行為の性質・種類等を勘案し，客観的・抽象的に観察して決定される（最判昭和32年3月5日民集11巻3号395頁，最判昭和54年5月1日裁判集民127号1頁〔判時931号112頁〕）。

(2)　代理権の濫用

　営業主の営業・事業に関する取引を営業主の名で行ったが，内実は，自己または第三者の利益のために行うような場合を，代理権の濫用という。たとえば，営業資金の調達を装いつつ，それを着服するつもりで代理権を行使する場合である。

　代理権の濫用について，商法・会社法上に定めはない。そこで，民法の定めに拠ることになる。支配人の代理権の行使が濫用にあたる場合には，相手方が支配人の意図（自己または第三者の利益のため）を知り，または，知ることができたときは，その代理行為は，代理権を有しない者がした行為（無権代理行為）とみなされる（民107条）。よって，営業主が追認をしなければ，営業主に対してその行為の効力は生じない（民113条1項）。

　なお，支配人による代理権の濫用により営業主に損害が生じたときは，支配人はその損害について賠償責任を負う（民415条）。また，支配人の解任事由にあたることもある（民628条・651条）。

コラム30

心裡留保説と民法改正

　平成29（2017）年民法改正により107条が創設される以前の判例は，代理権の濫用があった場合，民法93条但書を類推適用し，「代理人が自己または第三者の利益をはかるため権限内の行為をしたときは，相手方が代理人の

---

11)　具体的には，約束手形の振出や裏書，小切手の振出，資金の借入れ，担保権の設定，使用人の雇入れ，代理人の選任などがある。
12)　反対に，含まれない行為には，営業主の一身に属し，他人による代理が許されない行為（身分上の行為，宣誓，約束手形等の本人の署名），営業・事業の存在を前提とする行為（営業・事業の譲渡や廃止，営業所の設置）がある。

右意図を知りまたは知ることをうべかりし場合に限り」，本人はその行為につき責任を負わないとしていた（最判昭和42年4月20日民集21巻3号697頁）。このような考え方は，心裡留保説と呼ばれている。

　この理論構成に対しては，代理人は，意思表示をする際に代理行為の効果を本人に帰属させる意思を有しており，そこには表示と意思の不一致はないので，民法93条但書を類推する基礎を欠くとの批判があった。また，同条の「知ることができたとき」とは，過失があることと解されている点に鑑みると，軽過失があるに過ぎない相手方は保護されないという批判もあった。

　判例に対して，理論構成は多様であるが，代理人の意図について相手方が悪意であるか重過失により知らなかった場合に限り，相手方は本人に対して効果の帰属を主張できないとする見解が主張されていた。民法改正の議論においても，本人が代理行為の効果帰属を否定するには，相手方の悪意または重過失を要件とする案も検討されていたが，最終的には，採用されなかった。過失を要件としても，過失の認定・評価を通じて柔軟な解決を図ることができるという。

　民法107条の創設により，支配人の代理権や（代表）取締役の会社を代表する権限（代表権）の濫用についても，同条が適用されると考えられるが，相手方の過失の有無の判断は慎重になされなければならないとの指摘も強くなされている。

(3)　代理権の制限

　支配人の代理権が，包括的で定型的なものであるとしても，雇用契約またはこれとは別の代理権授与行為により，取引の種類，取引額，取引の地域や相手方など，代理権の範囲を制限することはできる。しかし，支配人の代理権に加えた制限は，善意の第三者に対抗することができない（21条3項，会社11条3項）。このような制限は，営業主と支配人との間の内部的なものであり，また，その制限について登記することもできないから，第三者は容易に知ることはできない。そこで，代理権の範囲内の行為であると信じた第三者を保護し，取引の安全を確保するものである。

　支配人の代理権に加えた制限は，営業主と支配人との間においては，効力を有する。したがって，支配人がその制限に違反した場合，これにより営業主に損害が生じたときは，支配人はその損害について賠償責任を負う（民415条）。また，支配人の解任事由にあたることもある（民628条・651条）。

4　支配人の義務

　支配人は，営業主に対して，雇用関係あるいは委任関係に基づく義務を負う（民623条）。これに加えて，商法および会社法は，支配人の特別の義務を定めている（23条，会社12条）。包括的な代理権をもって商人の営業を代理する支配人は，営業に関する機密に通じていることが考えられるからである。

(1)　営業避止（禁止）義務

　支配人は，営業主の許可を受けなければ，自ら営業を行うこと，他の商人または会社・外国会社の使用人となること，会社の取締役，執行役[13]または業務を執行する社員となることはできない（23条1項1号・3号・4号，会社12条1項1号・3号・4号）。雇用関係にある支配人は，商人あるいは会社のために，自らの精力・労力を分散させることなく，職務に専念・尽力することが求められるからである。

　許可が必要な営業は，営業主の営業・事業と同種のものである必要はない。許可は黙示のものであってもよいとされる。

　営業主の許可を得ることなく，支配人が営業等をした場合は債務不履行となり，これにより営業主に損害が生じれば，支配人はその損害について賠償責任を負う（民415条）。また，支配人の解任事由にもあたる（民628条・651条）。

(2)　競業避止義務

　支配人は，営業主の許可を受けなければ，自己または第三者のために営業主の営業・事業の部類に属する取引をしてはならない（23条1項2号，会社12条1項2号）。包括的な代理権を有し，営業・事業の機密に通じている支配人が，その地位を利用して得意先・取引先や取引の機会を奪い，営業主の利益を犠牲にして，自己または第三者の利益を図ることのないようにするためのものである。

　営業・事業の部類に属する取引とは，営業主が提供する商品・製品やサービス，および，それに付帯する事業が市場において競合し[14]，支配人と営業主

---

　13)　他の会社の会計参与，監査役に就任する場合は，許可は必要ないとされている。これに対して，ある会社の支配人は，当該会社の会計参与，監査役となることができない（会社333条3項1号・335条2項）。なお，会計監査人については，公認会計士としての業務を行うこと，あるいは，監査法人の業務に従事することが，営業避止義務に抵触すると思われる（公認会計士法2条・34条の5参照）。
　14)　同種の商品を扱う場合でも，卸売業と小売業とでは，競合は起きない。また，同じ小売業でも，営業地域が北海道と九州であるときは，競合は起きないであろう。ただし，一方がインターネット販売を行っている場合には，競合する。

との間で利益の衝突が起こるおそれのある取引をいう。この取引には，営業主が現に行っている営業・事業に関するものだけでなく，新規の営業・事業として準備をしている場合や，新たな地域に進出を企画し準備をしているものも含まれる（東京地判昭和56年3月26日判時1015号27頁）。

　「自己または第三者のために」の意義について，支配人が自己の名において，または，他人の代理人もしくは代表者となって取引する場合，すなわち自己または第三者が権利主体となることをいうとの見解（名義説）と，自己または第三者の計算において，すなわち自己または第三者が経済的効果の帰属主体となることをいうとの見解（計算説・通説）がある。競業避止義務の趣旨が，支配人に営業主以外の者の利益を図ろうとすることを防止するものであり，これに違反する場合の効果が支配人または第三者の得た利益の額を営業主の損害額と推定するものであることに鑑みれば，営業主の利益のために行われない取引を規制の対象とすることに意味があると考える。計算説を支持すべきであろう。

　営業主の許可を得るために，支配人は，営業主が許可を与えてよいかを判断できるよう取引の内容（目的物，数量，価額など）について開示する必要がある。その取引が同種のものであり継続的に行われるときは，取引ごとに許可を得るのではなく，包括的な許可でよいと解されている。

　営業主の許可を得ることなく行われた競業取引は，支配人と当該競業取引の相手方との間においては，有効である。なぜならば，営業主は取引の当事者でないし，また，取引の安全を保護する必要もあるからである。

　支配人と営業主との関係においては債務不履行であり，営業主に損害が生じれば，支配人はその損害について賠償責任を負う（民415条）。営業主の許可を得ることなく競業取引がなされたときは，これによって支配人または第三者が得た利益の額は，営業主に生じた損害の額と推定される（23条2項，会社12条2項）[15]。損害賠償請求にあたっては，営業主が損害額を立証しなければならない。しかし，支配人が知った営業上の機密をどのように利用したのか，それによりどれだけの損害が生じたのかを立証するのは，非常に困難であろう。この定めは，その困難を緩和し，営業主を保護するものである。

---

15)　推定される損害額よりも高額の賠償請求をする場合には，営業主が立証責任を負う。他方，支配人が，実際の損害額は推定される損害額よりも低額であると主張するときは，支配人がそれを立証しなければならない。

5　表見支配人

(1)　表見支配人制度の趣旨

　包括的な代理権を有する者が支配人である。ところが，本当は支配人でない
にもかかわらず，支配人であるかのような名称を付与された使用人が取引を
行った場合，取引の相手方は，その名称から，支配人と取引をしていると誤認
することも考えられる。このような行為は，その取引について代理権が授与さ
れていなければ，無権代理行為であり，営業主が追認しない限り，行為の効果
は営業主に生じない（民113条1項）。これでは支配人と信頼して取引をした相
手方の保護が十分でない（取引安全の保護）。また，支配人という名称を避け，
支社長や支店主任などの名称を付与された者による取引について，支配人の名
称でないことを理由に，営業主が責任を逃れようとした事例も見られた。そこ
で，法は，外観理論または禁反言の法理をもとに，商人の営業所の営業の主任
者であることを示す名称を付した使用人を，その営業所の営業に関し，一切の
裁判外の行為（本節3(1)）をする権限を有するものとみなすこととした（24条）。
会社法にも同旨の規定が設けられている（会社13条）。この結果，その取引に
おいては有権代理行為となり，他に瑕疵がない限り，有効な取引と取り扱われ
ることになる。なお，表見支配人の制度は，支配人のような名称から代理権を
有すると誤認して取引をした者を保護するものであるから，裁判上の行為（本
節3(1)）には適用されない。

　適用にあたっては，他の外観信頼保護規定と同様に，①支配人でない使用人
に，②商人の営業所の営業の主任者であることを示す名称が付されていること
（外観の存在），③営業主がそのような名称を付与したこと（外観作出に関する帰
責性），④相手方が営業所の主任者である名称を付された使用人を支配人と信
じて取引を行ったこと（外観への信頼），これらに加えて，⑤②の営業所が「営
業所としての実質」を備えていること（ただしこの点については，争いがある），
⑥取引が営業所の営業に関する行為であることが要件となる。

(2)　営業所，本店または支店

　判例によると，営業所（本店または支店）は，営業所としての実質（本編第3
章第2節）を備えていなければならず（最判昭和37年5月1日民集16巻5号1031
頁），その場所に名づけられた名称や登記の有無等によるべきものではないと
される（最判昭和39年3月10日民集18巻3号458頁）。

　これに対して，営業所の主任者の表示があれば，営業所の実質を備えていな

い場合でも，表見支配人の規定の適用はあるとする見解が有力に主張されていた。営業所の実質を備えているかを調査し，判断することは，取引の相手方にとって容易でなく，相手方の保護に欠けることを理由としていた。

しかし，表見支配人制度は，「営業所の営業に関し，一切の裁判外の行為をする権限を有するものとみなす」ものであり，営業所の存在が前提とされている。また，営業所の実体を欠く場所でよいとすると，「権限」の範囲を確定することも困難となるように思われる。判例の立場を支持すべきと考える。

なお，営業所の実体を欠く場合でも，営業所としての登記があるときは，不実登記の効力に関する規定の類推適用により，営業所の実体を有しないことを善意の第三者に対抗できないとして，表見支配人の規定が適用された事例がある（最判昭和43年10月17日民集22巻10号2204頁）。そのほか，民法上の表見代理規定の適用を検討することになろう。

(3)　営業・事業の主任者であることを示す名称の付与

どのようなものが，営業・事業の主任者であることを示す名称にあたるかは，その取引社会（業界）における事情などにより，個別に判断される。裁判例において，主任者であることを示す名称とされたものには，支配人のほかに，本店営業部長，支店長，支社長，営業所長，事務所長などがある。これに対して，次長や支店長代理は，これにあたらない（最判昭和29年6月22日民集8巻6号1170頁参照）。いずれも他に上位者がいることが明らかであるからである。

このような使用人が行った取引行為の効果が営業主に帰属するには，営業主がそのような名称を使用人に付与しなければならない。名称の付与は明示的なものに限らず，黙示的に行われる場合も含まれる。よって，使用人が営業所長の肩書きを用いていることを知りながら，何らの措置を講じることなく放置していた場合は，名称の付与があったと評価される。

(4)　相手方の信頼

取引の相手方が悪意のとき，表見支配人制度は適用されない（24条但書，会社13条但書）。ここにいう悪意とは，その者が支配人でないことを知っていることをいう[16]。表見支配人制度は，営業所の主任者らしい者を支配人と信じた相手方を保護するものだからである。支配人でないことを知らなかったことについて，相手方に（軽）過失があるとき，相手方は保護されるが，重過失があるときは，悪意と同視される（最判昭和52年10月14日民集31巻6号825頁）。

悪意の有無は，取引の時を基準として判断される（最判昭和33年5月20日民集

12巻7号1042頁）。悪意の立証責任は，営業主が負担する（最判昭和32年11月22日裁判集民28号807頁〔商事90号9頁〕）。

　支配人の選任および終任は登記事項であるから，誰が支配人であるかは，登記を確認すればわかる。そうならば，表見支配人制度を設けて，相手方を保護する必要はあるのかということにもなりそうである。しかし，取引のたびに登記簿を調査するよう求めるのは，過大な負担を課すとの認識から，表見支配人の規定を優先して取引の安全を図る立場が多数説である（**本編第8章第4節コラム37参照**）。

コラム31

相手方の範囲

　表見支配人制度により保護される第三者は，取引の直接の相手方に限られるとするのが，判例の立場である（最判昭和59年3月29日裁判集民141号481頁〔判時1135号125頁〕）。判例は，これに続けて，「手形行為の場合には，この直接の相手方は，手形上の記載によって形式的に判断されるべきものではなく，実質的な取引の相手方をいうものと解すべきである」ともいう。これに対して，学説は，手形取引の安全性を重視すべきとして，第三者は，手形の第三取得者も含まれるべきとの見解が多数である。

　営業主Aを代理して使用人PがBに振り出した約束手形をCが取得した場合について考えてみる。Pは支配人でないが，Q支店長の名称が付与されていたとする。

　多数説によると，Pが支配人でないことにつきBが悪意であっても，Cが善意（無重過失）であり，他に瑕疵や抗弁事由がなければ，CはAに対して手形金を請求できることとなる。ところが，Cが善意であるには，手形行為を行ったPが支配人であるとの信頼がなければならないのではないか。また，Cが善意であるとしても，多数説によると，交付契約説を前提とした場合，

---

16)　これに対して，悪意とは，その者が当該取引について代理権を有しないことを知っている場合をいうとの見解が有力に主張されている。これは，「本店または支店の支配人と同一の権限を有するものとみなす」との定めが「一切の裁判外の行為をする権限を有するものとみなす」とあらためられたところに着目する。この見解によると，支配人でないことは知っていたが，当該取引について権限があると信じた相手方も保護の対象となる。このような相手方は，民法110条の適用による保護を考えることもできる。

Ｐにより手形が振り出され悪意のＢが受け取ったときでも交付契約は成立するが（24条本文），悪意のＢに対しては人的抗弁を対抗できる（同条但書）と解するのか，という問題は残る。

　保護される相手方の範囲については判例のように考え，手形取引に関しては他の救済手段によるのが適切と考える[17]。

第3節　その他の商業使用人

1　ある種類または特定の事項の委任を受けた使用人

　営業全般ではなく，ある種類または特定の事項の委任を受けて，営業主である商人を代理する使用人がいる。たとえば，衣料品の販売を営業目的とする商人が，制服販売の担当者に，制服の売買に関する契約締結の代理権を与えるような場合である。

　これらの使用人は，具体的には，販売，購入，貸付け，出納など商人から委任を受けた事項について，一切の裁判外の行為をする代理権を有するとされる（25条1項，会社14条1項）。たとえば，商品の販売につき委任された者は，商品の売買契約を締結することのほか，商品および代金の授受，代金の減額，支払いを猶予する権限も有する。この代理権に制限を加えても，善意の第三者には対抗できない（25条2項，会社14条2項）。すなわち，反復的・集団的な企業取引において，営業主が取引の都度，使用人に代理権を授与するのでは，煩雑に過ぎる。また，取引の相手方にとっても，代理権限の有無や範囲を調査確認しなければならないとすると，円滑な取引の実現や取引の安全が害されるおそれがある。そこで，このような使用人については，客観的にみて受任した事項の範囲内に属するものと認められる一切の裁判外の行為をなす権限を有するものとすることにより，取引の相手方である第三者が，代理権の有無および当該行為が代理権の範囲内に属するかどうかを調査することなく，取引ができるようにした。

　商法25条に定める使用人について，改正前商法43条では，番頭・手代が例示されていた。今日の企業組織においては，部長・課長・係長・主任などがこれにあたるとされる。ただし，部長等の名称が付されていれば，商法25条にいう

---

17)　具体的には，外観理論，人的抗弁の制限による救済が主張されている。二段階創造説をとる立場からは，善意取得による保護が主張されている。

使用人に該当するとは限らず，販売，購入，貸付け，出納など「ある種類または特定の事項の委任」を受けていることが必要である。これは，対外的な法律行為を行うための代理権が必要と解するのが従来からの見解である。これに対して，契約の勧誘や条件の交渉などの事実行為の委任を受けていれば足りるとする見解もある。この見解は「（商法25条１項に定める使用人の）代理権限を主張する者は，当該使用人が営業主からその営業に関するある種類又は特定の事項の処理を委任された者であること及び当該行為が客観的にみて右事項の範囲内に属することを主張・立証しなければならないが，右事項につき代理権を授与されたことまでを主張・立証することを要しない」とする判例（最判平成２年２月22日裁判集民159号169頁〔商事1209号49頁〕）を，このような立場をとるものであるとする。しかし，判旨のいう「営業に関するある種類又は特定の事項の処理を委任」が，法律行為の委任を指すのか，事実行為の委任を指すのか明らかとはいえない。また，取引の勧誘などの事実行為を委ねる意思と受任者の意思決定による法律行為の効果の帰属を受け入れる意思とは異なる。事実行為の委任があることをもって，包括的な代理権が授与されると解することはできないだろう。商法25条・会社法14条にいう商業使用人であるためには，ある種類または事項の法律行為について代理権が必要である（コラム32参照）。

　これらの使用人は，商人のほか，支配人が選任・解任することもできる（21条２項，会社11条２項）。選任および代理権の消滅は，登記事項ではない（商22条対照）。

　商法25条・会社法14条にいう使用人と商人との法律関係について商法・会社法上特別の定めはなく，民法の定めに委ねられている。民法上，雇用関係にある使用人は，その契約上の付随義務である誠実義務の一環として，使用者に対して競業避止義務を負うと解されている。これらの商業使用人には，支配人の営業禁止や競業取引規制にあたる規定はないが，雇用契約上の義務を負うこととなる[18]。

---

18)　支配人における規定を類推適用すべきとの考えもある。支配人と異なり，商法25条・会社法14条の商業使用人は，どのような「種類」または「事項」を委任するのか，雇用契約あるいは委任契約により定められる。そうであれば，これらの商業使用人の競業避止義務の範囲も，契約ごとに異なることとなり，支配人に対する定型的な規律を類推適用するのは，適切とは言い難い。

> **コラム32**
>
> **事実行為を受任した使用人の相手方の保護**
>
> 　事実行為の委任を受けたにとどまる使用人と取引をした相手方の保護には，民法上の表見代理の規定（民110条）を適用することが考えられる。同条の適用要件である基本代理権とは，「私法上の法律行為を行う代理権」であると解されていた。ところが，民法学説において，対外的な関係を予定しつつ，ある行為を行うよう委託したというような事実がある場合には，基本代理権の要件を充たすとの考えが有力となっている[19]。この立場によるならば，営業主から物品の販売について事実行為である勧誘の委託を受けたに過ぎない使用人が売買契約を締結した場合，当該使用人に代理権がないことについて，相手方が善意かつ無過失であれば，売買契約の効果は，営業主に帰属する可能性がある。

2　物品の販売等を目的とする店舗の使用人

　物品の販売等（販売，賃貸その他これらに類する行為）を目的とする店舗の使用人は，その店舗にある物品の販売等をする代理権を有するとみなされる（26条，会社15条）。

　ここにいう「店舗」とは，一般公衆（顧客）が自由に立ち入り，その場で物品の購入等ができる施設をいう。コンビニエンスストア，書店，パン屋などがこれにあたる。店舗内に販売等のために置かれているものについては，その店舗の使用人に販売等の権限があると考えるのが通常であろう。そこで，一般公衆のこのような信頼を保護して取引の安全を確保するために，使用人の代理権が擬制されている。このため，現実に代理権が与えられているか否かを問わず，店舗の使用人と顧客との間の法律行為の効果は，営業主に帰属する[20]。

　一般公衆の信頼保護を目的とするものであるから，使用人に代理権がないことについて顧客が悪意であることを営業主が立証したときは，当該顧客は保護されない（26条但書，会社15条但書）。また，使用人には店舗内の物品の販売等について代理権が擬制されるだけであるから，店舗外での物品の販売等や仕入

---

19)　たとえば，Aのために印鑑を保管していたBが，A名義で保証契約を締結した場合において，Bは印鑑の保管という事実行為の委任を受けているに過ぎないが，事実行為であっても本人（A）の帰責性を認めることができる場合には，基本代理権を認め，「正当の理由」の有無の判断を通して合理的な判定をしようとする。

れには，適用されない（福岡高判昭和25年3月20日下民集1巻3号371頁）。

---

20)　たとえば，書店の在庫整理のために雇われたアルバイト店員が，店主不在中に顧客の求めに応じて，店舗内の書籍を販売したときであっても，その効果は，営業主である店主に帰属する。

駄菓子屋や雑貨店など店主が1人で切り盛りする店舗では，雇用関係にない家族や友人が一時的に店番（見世番）をすることもあるだろう。商法26条，会社法15条にいう使用人には，営業主との間に雇用関係のあることが必要との見解によると，この店番は「使用人」にあたらないこととなるが，各規定を類推適用し，販売の効果は店主に帰属すると考えることもできるであろう（前記本章第1節注4）参照）。

第7章

代理商

第1節　代理商制度の経済的機能

1　代理商制度

　代理商は，独立の商人でありながら，他の商人の営業活動を補助する者（補助商と呼ばれる）である。類似する制度として，代理商のほか，商法上，仲立人，問屋，運送取扱人がある。仲立人，問屋，運送取扱人は，不特定多数の商人を補助するのに対して，代理商は，一定の商人のために継続して営業を補助する。この点において，特定の商人に従属して営業活動を補助する商業使用人に類似しているとして，代理商は商業使用人とともに，商法の総則編に規定されている[1]。会社法にも同旨の規定が設けられている。これに対して，仲立人，問屋，運送取扱人については，商行為編に規定されている

　代理商は，一定の商人を補助するが，商業使用人のように商人に従属するものではない（**本編第6章第1節参照**）。では，ある者が別の会社の事業を補助している場合，その者が代理商であるのか商業使用人であるのか，どのように区別すればよいだろうか。一般的には，当事者間に雇用契約があるのか，委任契約があるのか（**本章第3節1**）をもとに判断することになるが，いつも明確であるとは限らない。また，代理店などの名称で営業する者が，いつも代理商にあたるものでもない（大判昭和15年3月12日新聞4556号7頁）。身元保証に関する法律の適用をめぐり，保険代理店が商業使用人か代理商かが争われた事案において，大審院は，事務費用は代理店が負担しているのか，代理店は歩合制の手数料以外の報酬を受けているのか，代理店は会社の指揮監督を受けているのか，代理店は自己の計算で営まれているのかを判断の指標とした（大判昭和17年5月16日判決全集9輯19号3頁）[2]。

---

1)　代理商の沿革と法規制の必要性については，第2編第2章第1節を参照のこと。
2)　この事例では，事務費用を負担し，歩合制の手数料以外の報酬を受けておらず，会社の指揮監督を受けず，自己の計算で営まれているから，本件の保険代理店は，代

図表5■商人・会社を補助する者

2　代理商制度の経済的機能

　商人・会社は，新たに支店を設置し使用人を配置することに代えて，代理商を用いることにより，営業活動の地域を拡張することができる。代理商であれば，その者が活動する地域の事情に通じており，その者の経験や知識を用いることもできる。しかも信用のある代理商であれば，営業の成果（売上げなど）をあげる可能性も高まる。また，代理商に対しては，成果に応じた手数料を支払えばよい。ゆえに支店に使用人を配置して，営業の成果にかかわらず報酬を支払うより，代理商を置く方が経費を抑えることができるという利点もある。くわえて，支店を置き使用人を配置する場合，支店を廃止することにより営業範囲の整理・縮小を行うことはできるが，その使用人を解雇するにあたっては，労働法上の制約を受ける。これに対して代理商の場合には，代理商契約の解除により，営業地域の整理・縮小を行うことができる（**本章第5節2**）。さらに，使用人であれば，営業主はその者を監督する義務を負うが，代理商に対しては直接の監督を行う必要はない。

　理商であるとされた。

第2節　代理商の意義

　代理商とは，一定の商人・会社のために，その平常の営業・事業の部類に属する取引の代理または媒介をする者で，その商人・会社の使用人でないものをいう（27条，会社16条）。

　補助される商人・会社は，特定されていることが必要であるが，1人あるいは1社に限る必要はない。営業・事業の部類が同じ場合には，商人・会社の許諾を得れば，複数の者のために代理商となることができる（28条1項1号，会社17条1項1号）。なお，営業・事業の部類が異なる場合[3)]には，商人・会社の許諾も必要ない。

　代理するとは，商人・会社の代理人として相手方と取引を行うことをいう。このような取引の代理を行う（代理権が付与された）代理商を締約代理商という。締約代理商は，相手方と契約を締結する点で，問屋や運送取扱人（これらを取次商[4)]という）と類似する。しかし，締約代理商が，一定の商人・会社のために継続的に代理人として活動するのに対して，取次商は，不特定多数の者のために，随時，自己の名をもって活動するところで異なる（551条・559条）。

　媒介するとは，商人・会社と相手方の間で契約が成立するよう，仲介・斡旋・勧誘などを行うことをいう。代理権を持たず，媒介により商人・会社を補助する代理商を媒介代理商という。契約の当事者とはならない媒介代理商は，他人のために商行為の媒介をする点で，仲立人と類似する（543条）。しかし，媒介代理商が一定の商人・会社のために継続的に媒介をし，商人・会社に対して義務を負担するに過ぎないのに対して，仲立人は，一定の商人のために，随時，媒介し，原則として媒介行為の当事者双方の利益の公平を図らなければならない点で異なる（550条2項）。

　平常とは，一定の商人・会社と継続的な関係に立ち，その営業・事業を補助することである。複数回にわたり補助したとしても，個別的・単発的な補助である場合には，平常にあたらない。

---

　3)　たとえば，商人Pが，自動車販売業を営む会社Aと保険業を営む会社Bの代理商となるような場合がある。

　4)　自己の名をもって他人の計算において法律行為をすることを取次ぎといい，これを業とする者を取次商と総称する（502条11号）。第2編第3章第4節3(2)(k)参照。

　代理商は，代理または媒介を引き受けることを業とする者であるから，商人である（502条11号・12号，4条1項）。したがって，独自の商号を有し，自己の営業のための商業帳簿を備えなければならない。

　なお，代理商にあたるものとして，損害保険代理店や旅行代理店があげられるが，締約代理商，媒介代理商のいずれにあたるかは，代理商契約の内容による。たとえば，損害保険会社のために損害保険契約（海上保険契約を除く）の締結を代理する場合は，損害保険代理店は，締約代理商となる（保険業2条21項）。他方，損害保険会社のために海上保険契約の媒介をする場合は，損害保険代理店は，媒介代理商となる。

図表6■締約代理商と媒介代理商

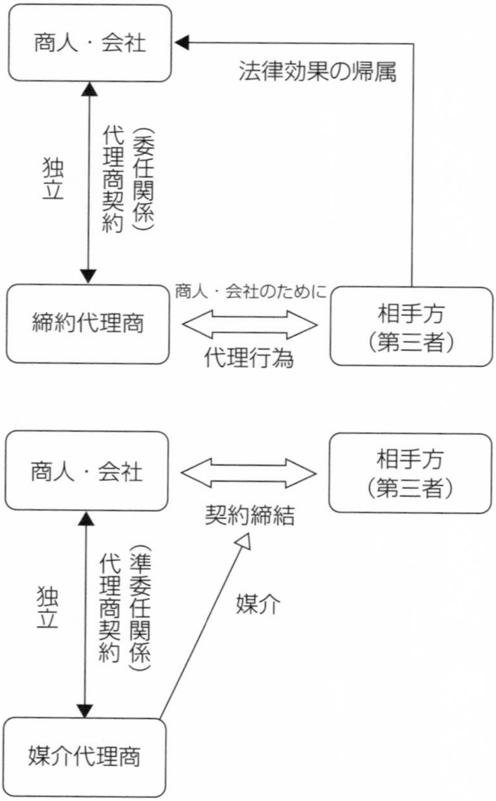

```
コラム33
```

代理商に類似する制度やしくみ

　委託販売を引き受ける者のように，特定の商人・会社から委託を受けて営業・事業の部類に属する取引の取次ぎをなす者がいる。他社で企画した主催旅行を販売する場合の旅行代理店が，これにあたる。講学上，このような者を取次代理商と呼ぶ。商法・会社法は，取引の代理または媒介をする者を代理商とするため，取次代理商には，代理商に関する規定は適用されない。問屋の一種とされる。

　ある企業（メーカーや商社）が扱う商品等について，販売網を強化・充実・拡張するための手段として用いられているしくみに，特約店制度がある。自動車販売等にかかわるディーラーは，これにあたることが多い。特約店制度においては，一般的に，企業から買い取った商品を，顧客に対しては特約店が売主となり，自己の計算において売買を行う。代理店，販売店，取扱店など多様な名称が使われている。特定の企業から買い取った商品を転売する形式をとるものの，継続的に当該企業を補助するものであることから，代理商に類似する。この企業と特約店の間の売買契約は，仕切売買と呼ばれ，仕入価格と販売価格の差額が特約店の利益になる。ところが，売買の形式をとりながら，特約店に対して，一定割合の手数料を支払うような契約形態もあることから，代理商と特約店の区別が問題となることがある。これについては，取引の実態と当事者間の契約内容から判断するほかない。

第3節　代理商と本人の関係

1　総　説

　一般的に，商人・会社と代理商との間で，代理商契約が締結される。締約代理商は，法律行為の委託を受けるので，その代理商契約は委任の性質を有する（民643条）。媒介代理商は，法律行為でない事務の委託を受けるので，その代理商契約は準委任の性質を有する（民655条）。したがって，代理商には，委任に関する民法および商法の規定が適用・準用される。

2　代理商の義務

(1)　委任契約に関する義務

委任に関する規定が適用・準用されることから，代理商は，商人・会社に対して善管注意義務（民644条）を負う。代理商は，その平常の営業・事業の部類に属する取引について，商人・会社を補助する者であるから，個別の取引行為の処理をなす義務にとどまらず，商人・会社の営業・事業のために取引の機会を捉えるよう，絶えず配慮すべき義務を負うと解されている。

このほか，代理商も，民法上，受任者として委任者に対して，委任者の求めに応じていつでも状況を報告する義務を負うとともに，契約終了時において経過および結果を報告する義務（事務処理の状況，顛末報告義務）を負う（民645条）が，商法および会社法は，代理商関係の特質に鑑み，いくつかの特則を設けている。

(2)　通知義務

代理商は，取引の代理または媒介をしたときは，遅滞なく，商人・会社に対して，その旨の通知を発しなければならない（27条，会社16条）。民法が定める事務処理の状況・顛末報告義務は，本人（委任者）の請求，または，委任の終了を前提とするものである。しかし，企業取引においては，商人または会社の請求を待って，代理商が契約の締結や媒介について報告し，これを受けて商人・会社が契約の履行や契約締結の準備をしていたのでは，取引の迅速性や円滑性が損なわれる。そこで，代理商は，商人や会社の請求を待たず，また，委任の終了を待つことなく，取引の代理または媒介がなされるごとに，遅滞なく通知する義務を負うものとされた。

(3)　競業避止義務

代理商は，商人・会社の許可を得なければ，①自己または第三者のためにその商人・会社の営業・事業の部類に属する取引をしたり，②その商人・会社の営業・事業と同種の事業を行う会社の取締役，執行役または業務執行社員となったりすることができない（28条1項，会社17条1項）。これを代理商の競業避止義務という。

代理商は，商人・会社の平常の営業・事業の部類に属する取引を補助する者であるから，その営業・事業に関する情報を知ることができる。この規定は，代理商が，その情報を利用して，商人・会社を犠牲にし，自己または第三者の利益を図ることを防止しようというものである。「営業・事業の部類に属する

取引」の意義，「自己または第三者のために」の意義や商人・会社の許可については，支配人の場合と同様である（**本編第6章第2節4(2)**）。

　この義務に違反して行われた行為も無効とはならないが，商人・会社は，被った損害について，代理商に対し賠償請求することができる（民415条）。①に違反する行為をしたとき，その行為により自己または第三者が得た利益の額は，商人・会社に生じた損害の額と推定される（28条2項，会社17条2項）。支配人の場合と同様である。

　なお，支配人の場合と異なり，代理商は独立の商人であるから，代理商が自ら営業をすることや，②に該当しない会社の取締役，執行役，業務執行社員となることに制限はない。

3　代理商の権利

(1)　報酬請求権等

　代理商は，独立の商人であるから，代理商契約において報酬に関する定めがない場合でも，その営業の範囲内において他人のために行為をしたときは，相当な報酬を請求することができる（512条）。

　また代理商は，委任に関する規定が適用・準用されることから，委任事務の処理について，費用前払請求権（民649条）および費用（立替金）償還請求権（民650条）も有する。

(2)　留置権

　代理商は，別段の意思表示がない限り[5]，取引の代理または媒介をしたことによって生じた債権の弁済期が到来しているときは，その弁済を受けるまでは，商人・会社のために当該代理商が占有する物または有価証券を留置することができる（31条，会社20条）。これを代理商の留置権という[6]。たとえば，旅行業者Aの代理商BがAのためにCと締結した契約についての報酬（手数料）を受け取っていないとき，Bは，その後AのためにDと締結した契約につきDから受領した旅行代金を留置することができる。商人Pの代理商として，Pの所有する物品を販売し，またはPのために物品を購入するQが，Rとの売買契約に

---

[5]　留置権は，債権者の利益保護のためのものであるから，当事者間の特約（代理商契約など）により排除してもかまわない。

[6]　この規定は，問屋にも準用されているため（557条），厳密には，代理商・問屋の留置権と呼ぶべきかもしれない。

ついての報酬（手数料）を受け取っていないとき，Qは，その後Pのために S から購入した物品を留置することもできる。

　代理商の留置権により担保されるのは，弁済期が到来している，取引の代理または媒介をしたことによって生じた債権である。具体的には，報酬請求権，費用償還請求権などがあたる。

　民法において留置権の成立には，債権（被担保債権）が留置の目的物（留置物）自体から生じたものであり，債権がその物の返還義務と同一の法律関係・事実関係から生じたことが必要であるとされる（牽連関係)[7]。代理商の留置権については，留置物から生じた債権である必要はない。これは，代理商と商人・会社の関係は，代理商契約に基づく継続的なものであり，その間の取引関係は一体的なものと捉えることができるから，被担保債権と留置物との間の個々の具体的な牽連関係を要求する必要がないと考えられたからである。

　牽連関係を必要としない点は，商人間の留置権（521条）と同様である。なお，商人間の留置権により担保されるのは，「商人間においてその双方のために商行為となる行為によって生じた債権」であり，「取引の代理または媒介をしたことによって生じた債権」を担保する代理商の留置権よりも被担保債権の対象（範囲）は広い。

　留置物は，商人・会社のためにその代理商が占有する物または有価証券であって，債務者である商人・会社の所有に属する必要はない。また商人・会社との商行為によって代理商が占有することとなった物である必要もない（521条対照）。商人・会社のために取引の代理や媒介をする代理商の業務上，未だ商人や会社に帰属していない物やすでに第三者に帰属している物を商人・会社のために占有したり，またその占有を第三者から取得することも少なくないからであるとされる。

　留置権の効力については，商法・会社法に定めはなく，民法の規定に従う。すなわち代理商は，債権の全部の弁済を受けるまでは，留置物の全部を留置することができ（民296条），留置物から生ずる果実を収取し，他の債権者に優先して，これを自己の債権の弁済に充当することができる（民297条)[8]。

7）　クリーニング店の店主が，代金未払いの顧客に対して，代金が支払われるまでは，預かった衣類等を返還しない場合，代金債権は，衣類等をクリーニングしたことから生じたものであり，代金債権と当該衣類の返還義務は，クリーニングする契約（他人のためにする加工）から生じたものと説明できる。

図表7 ■民事留置権と商法上の留置権

	被担保債権	留置物	牽連関係
民事留置権	留置物に関して生じた債権	他人の物（債務者の物に限らず，第三者の物も含む）	必要
代理商（問屋）の留置権	取引の代理・媒介により生じた債権（問屋の場合，自己の名をもって委託者のために物品の販売・買入により生じた債権）	商人・会社（問屋の場合，委託者）のために占有する物・有価証券（債務者の物に限らず，第三者の物も含む）	不要
商人間の留置権	商人間の双方的商行為となる行為によって生じた債権	債務者との間の商行為によって自己の占有に属した債務者の所有する物・有価証券	不要
運送取扱人・運送人の留置権	運送品に関して受け取るべき運送賃・付随の費用・立替金	運送の目的物（運送品）	必要

第4節　代理商と第三者との関係

　代理商が，どの範囲で商人・会社のための権限を有するかは，代理商契約により定められる。

　物品の販売またはその媒介の委託を受けた代理商は，売買の目的物が種類・品質・数量に関して契約の内容に適合しない旨の通知，その他売買に関する通知を受ける権限を有する（29条・526条2項，会社18条）[9]。商人間の売買においては，買主は，目的物の検査義務および契約不適合の通知義務を負う（526条）[10]。売主の代理商に通知を受ける権限を与えることにより，買主の便宜を図るものである。

8）　このほか，代理商の留置権も商法・会社法の規定による留置権として，破産財団に対しては特別の先取特権とみなされ（破産66条1項），別除権として，破産手続によることなく，先取特権を行使することができる（破産65条1項・2項）。
9）　代理権を有しない媒介代理商も通知を受領する権限を有する。

第5節 代理商関係の終了

1 一般的な終了原因

代理商は，委任に関する規定が適用・準用されることから，委任の終了原因により代理商契約は終了する（民653条）。具体的には，代理商の死亡（1号），商人・会社または代理商が破産手続開始の決定を受けたこと（2号），代理商が後見開始の審判を受けたこと（3号）である。なお，締約代理商の代理権は，商行為の委任による代理権にあたり，商人の死亡によっても消滅しない（商506条）。商人の死亡により代理権がすべて消滅するとすれば，それにより営業活動が一時中断する。このような不都合を回避するものである。このため，代理商は，商人の相続人の代理商となる。

また，代理商は，商人・会社の営業・事業を前提とするから，商人・会社の廃業や解散により営業・事業が終了するときは，代理商契約も終了する。営業・事業譲渡の場合については，代理商関係は終了せず，営業・事業とともに移転すると解する（多数説）。

2 代理商契約の解除

委任契約は，各当事者がいつでも解除できるのが，原則である（民651条）。しかし，代理商契約は，一定の商人のために継続して営業・事業を補助することを内容とするものであり，契約の解除は，当事者の営業・事業に重大な意味を持つから，民法の原則をそのまま適用するのは不都合がある[11]。そこで，

---

10) 民法において，売主は買主に対して，物の種類・品質・数量に関して，契約に適合するものを引き渡す義務を負う。これに違反する場合，買主は売主に対して，一定の期間，履行の追完請求，代金の減額請求，損害賠償請求，契約解除をすることができる（民562条〜566条）。他方，売主としては，その「一定の期間」不安定な立場に置かれる。すなわち，通知を受ければ，売主は，代替品を用意したり，他の買主を探すこともできるからである。そこで，このような不都合を回避するために，商人間の売買については，特別の定めが設けられている。

11) 取引の補助を委託する商人・会社にとっては，解除権を行使することにより，営業・事業体制を速やかに整備できる利点がある。しかし代理商にしてみれば，整備してきた取引のネットワークやそれへの投資が無駄になる可能性がある。また，商人・会社にネットワークをただ乗りされる危険もある。他方，代理商から一方的に解除される商人・会社は，その地域における拠点を失うこととなり，これまで関係があった相手方と取引の継続に支障を来すなど，取引上の信用が損なわれるおそれがある。

当事者は，契約の期間を定めなかったときは，2カ月前までに予告し，代理商契約を解除することができるとした。民法が定める委任の解除と区別して，解約告知と呼ぶこともある。

　また，やむを得ない事由があるときは，当事者は，いつでもその契約を解除することができるとされる（30条2項，会社19条2項）。やむを得ない事由とは，代理商契約を継続することが社会通念に照らして著しく不当とされる事由をいう。具体的には，代理商が競業避止義務に違反した場合，商人や会社が代理商に対する報酬（手数料）の支払いを怠るような場合がある。

　やむを得ない事由を理由に代理商契約が解除される場合，当事者の一方に過失があるときは，相手方はそれにより被った損害の賠償を求めることができる（民652条・620条〔通説〕）。

　もっとも，これらは「相手方に不利な時期に委任を解除したとき」にあたることもあり，解除によって損害が生じた当事者は，相手方にその賠償を求めることも可能である（民651条2項1号）。

第8章
商業登記

第1節　商業登記の意義

1　商業登記の意義

　商人や会社といった企業の取引活動は，一般私人の場合に比べ，大量的，反復的に行われるところに，その特徴がある。このため，利害関係を持つ第三者も不特定多数の広い範囲の者に及ぶことから，企業と第三者の利害の調整を図る必要がある。商業登記制度は，商法，会社法およびその他の法律の規定に基づき企業内容を公示することにより，商号，会社等に係る信用の維持を図り，かつ，取引の安全と円滑に資することを目的とするものである（商登1条）。

　すなわち，商人や会社が誰を支配人に選任しているか，未成年者である商人が営業の許可を得ているのか，会社はどのような商号を使用し，どのような機関構成をとっているのかなど，企業と取引を行おうとする者は，調査をしなければ安心して取引を行うことができない。しかし，調査には時間や費用が必要である。そこで，登記所に商業登記簿を備え，一定の事項を記録することにより公示し，取引の安全と円滑とを図っている。

　もっとも，取引上重要な事項を公示することによって，商人や会社は自己の信用を高めることができる反面，登記すべき事項の範囲によっては，企業情報や機密が漏れる危険がある。他方，取引の相手方は，登記を通じて商人や会社に関する情報を取得することができ，調査に必要な費用などの負担を軽減することができる反面，登記事項については，それを知らない場合でも対抗されるという不利益を受ける。この商人・会社の利益と第三者の利害調整が必要となり，法規整の対象となる。

2　商業登記の種類

　商業登記とは，商人および会社に関する一定の事項を商業登記簿に記録してする登記をいう[1]。商業登記簿には，①商号登記簿，②未成年者登記簿，③後

見人登記簿，④支配人登記簿，⑤株式会社登記簿，⑥合名会社登記簿，⑦合資会社登記簿，⑧合同会社登記簿，⑨外国会社登記簿があり，登記所に備えられている（商登6条）。商業登記簿は，磁気ディスク（これに準ずる方法により一定の事項を確実に記録することができる物を含む）をもって調製される（商登1条の2）。

　①〜④は，個人商人に関係するものであり，⑤〜⑨は，会社に関係するものである。たとえば，株式会社の商号や，株式会社が選任した支配人は，⑤に記録される。

コラム34

商業登記のコンピュータ化

　「不動産登記法及び商業登記法の一部を改正する法律（昭和63年法律第81号）」および「不動産登記法の施行に伴う関係法律の整備等に関する法律（平成16年法律第124号）」により，商業登記がコンピュータ・システム化され，オンラインでの利用が可能となった。

　インターネットが広く普及した社会において，会社の探索は容易であり，また，登記情報もオンラインで申請・取得できることから，会社の支店の所在地における登記に関する制度が廃止された（令和元年会社法改正）。

第2節　商業登記事項

1　総　説

　商業登記は，商人および会社に関する取引上の重要な事項を公示する制度である。どのような事項を登記により公示するかについては，取引社会における必要性と企業の秘密保持の要請との均衡を図ることが必要である。登記事項については，商法，会社法，その他の法律により定められており，次のように分類されている。

1）　一般社団法人，一般財団法人，公益法人や中小企業協同組合等の非営利法人に関する登記は，法人登記と呼ばれるが，商業登記ではない。また，船舶登記も，商業登記に属さない。

2 絶対的登記事項と相対的登記事項

商業登記には，必ず登記するよう要求されている事項（絶対的登記事項）と，登記するか否かは当事者に委ねられている事項（相対的登記事項）がある。登記事項の多くは絶対的登記事項であるが，個人商人の商号は，相対的登記事項とされる（11条2項）。相対的登記事項であっても，ひとたび登記した後，その事項が変更されたり消滅したりした場合，当該事項が変更あるいは消滅したという事実は，絶対的登記事項となる（10条，会社909条）。

絶対的登記事項について登記を怠ったとき，個人商人の場合には，罰則による制裁はない。登記をすべき当事者がその事実をもって善意の第三者に対抗することができないという不利益を受けるにとどまる（第4節1(2)）。会社の場合には，発起人や会社の代表者等に対する過料の制裁が設けられている（会社976条1号）。

3 設定的登記事項と免責的登記事項

設定的登記事項とは，法律関係の創設に関する登記事項をいう。支配人の選任や代表取締役の選定などがこれにあたる。免責的登記事項とは，当事者が責任を免れるべき登記事項をいう。支配人の解任や代表取締役の解職，営業を譲渡した場合における譲受人の免責が，これにあたる。

第3節 商業登記の手続

1 登記の申請

商業登記は，当事者の申請により行うのが原則である（8条，会社907条，商登14条。当事者申請主義）。登記の申請人である当事者とは，商号の登記においては商号使用者，未成年者の登記においては未成年者，後見人の登記においては後見人，支配人の登記においては営業主である商人，会社の登記においては会社である[2]。

登記の申請は，当事者の営業所を管轄する登記所において行う。登記所とは，

2） この会社の登記については，現実には会社を代表する者（代表取締役など）により申請されるが，申請人である当事者は，会社であると解されている。これに対して，登記を怠ったことにより過料の制裁を受けるのは，会社ではなく，会社を代表する者である。

法務局・地方法務局，もしくは，これらの支局またはこれらの出張所をいう（商登１条の３）。登記所における事務は，登記官（登記所に勤務する法務事務官のうちから，法務局または地方法務局の長が指定する者）が取り扱う（商登４条）。

　登記の申請は，法が定める事項を記載し，申請人が記名押印した書面をもって行う（商登17条１項・２項。書面申請の原則）。なお，特則として「行政手続等における情報通信の技術の利用に関する法律」３条１項に基づき，オンライン申請を行うことができる（商登規101条）。

　会社の設立無効の訴えに係る請求を認容する判決が確定したときなど，登記すべき事項が裁判により生じた場合は，裁判所が登記所に登記を嘱託する（会社937条，商登15条。嘱託登記）。また，休眠会社の解散（商登72条）や登記に錯誤または遺漏があるときの職権更正（商登133条）などに関する登記は，登記官の職権により行われる（職権登記）。

2　登記官の審査権（調査権）

　登記官が申請書を受け取ったときは，遅滞なく，申請に関するすべての事項を調査しなければならない（商登規38条）。調査の結果，却下事由がある場合には理由を付した決定により登記の申請は却下され，却下事由がないときは，申請は受理される（商登24条柱書）。

　登記の申請を受け取ったとき，登記官はこれについていかなる点まで調査・審査する権限があるのかにつき，形式的審査主義と実質的審査主義[3]が対立していた。

　前者は，申請事項が登記事項であるか，登記所の管轄が正しいか，申請人は適法な申請人またはその代理人であるか，申請書類の形式が整っているかなど，登記官は申請の形式的適法性のみを審査できるとする立場である。この立場は，登記官は記録官であって裁判官でないから，実質審査をするに適さないこと，登記は迅速になされる必要があること，登記には公信力がないこと等を論拠とする。判例も古くからこの立場をとっている（大決大正７年11月15日民録24輯2183頁，大決昭和８年７月31日民集12巻1968号など）。

　商業登記法24条10号によれば，登記官は，申請の内容である登記事項の存否，効力の有無および取消原因の有無を審査する権限を有するとされる。これは，

3）　形式的審査のほか，登記官は，申請事項の真否も調査する権限を有するという立場。

実体的真実と合致しないような登記はされないことが望ましく，登記事項について無効原因があるときは，その申請を却下すべきであるし，登記事項に取消原因がある場合も，取引の安全のために好ましくないと解するものである。しかし，登記事項の存否や効力の有無および取消原因の有無につき，登記官が職権をもって事実を探知し，必要と認める証拠調べをすべき旨の定めはない。ゆえに，登記官は，申請書，その添付書面および登記簿のほかは，登記の申請について審査する資料を職務上得る手段を有していないと考えられる。このため，現行法において登記官は，法が定める書面以外のものの提出を求めたり，当事者を審尋したりすることはできないと解されており，形式的審査主義が貫徹されている。ただし，登記官に実質的審査権を認めている場合もある（商登23条の2第1項）。

3　登記の更正および抹消

　登記に錯誤（登記と実体関係が客観的に合致しないこと）または遺漏（登記が不完全で，登記しなければならない登記事項が完全に登記されていないこと）があるときは，登記の更正をしなければならない（商登132条・133条）。登記の更正は，当事者の申請による場合のほか（商登132条1項），登記官による場合もある（商登133条1項但書・2項）。

　登記が，管轄権のない登記所にされた場合など，登記としての効力を生じないときや登記の内容である実体関係が無効であるときには，当事者は，その登記の抹消を申請することができる（商登134条）。登記官が，抹消すべき事由を発見した場合，登記をした者に，1月を超えない一定の期間内に書面で異議を述べないときは登記を抹消すべき旨を通知等し（商登135条），当該期間内に，異議を述べた者がないとき，または異議はあったがそれを却下したときは，登記官は，登記を抹消しなければならない（商登137条）。

コラム35

商業登記の公示

　商業登記の公示は，関係者による請求に応じて，個別的に登記簿またはその附属書類を公示する方法による。具体的には，登記事項を確認する場合には，登記事項要約書を請求することになり，会社を相手にした訴訟を提起す

る場合には，登記記録の全部または一部の事項について登記官の証明が付された，登記事項証明書を求めることになる。登記記録の確認は，窓口での請求のほか，オンラインで行うこともできる。また登記事項証明書は，オンラインで申請し，郵送にて取得することもできる。

第4節　登記の効力

1　商業登記の一般的効力

(1)　総　説

　商人Yと継続的な取引関係にある商人Xが，Yの店舗を訪れたところ定休日であったため必要な取引ができなかった場合，Yが定休日をXに知らせていなかったとしても，Yが法的な制裁や不利益を受ける理由はない。その意味では，Yにおける定休日に関する定めは，それを知らない第三者についても対抗力を持つことになる。

　これに対して，商法・会社法は，企業の取引活動における企業と第三者の利害の調整を図るため登記事項を定め，民法とは別に，登記に特別な効力を付与している（9条1項，会社908条1項）。この登記の効力を一般的効力という。

(2)　登記前の効力（消極的公示力）

　登記事項については，登記後でなければ善意の第三者に対抗することはできない（9条1項前段，会社908条1項前段）。これは，登記事項は，悪意の第三者には登記前であっても対抗することはできるが，善意の第三者には登記後でなければ対抗することはできないことを定めるものである。これを商業登記の消極的公示力ともいう。たとえば，営業主である商人に選任された支配人（A）が，その後解任されたとしても，商人が支配人の退任登記をしないでいる間に，Aを支配人であると誤認してAと取引を行った第三者に対して，商人は「Aはすでに支配人でない」ことを対抗することはできない。登記すべき事項（事実）を知らずに取引に入った第三者が，不測の損害を被ることがないよう保護するものである。

　ここにいう「登記すべき事項」には，絶対的登記事項のほか相対的登記事項も含まれる。また「善意」とは，取引の当時において，登記すべき事実を知らなかったことをいう。その不知について，第三者の過失の有無や登記の有無が取引に関する第三者の意思決定に影響があったか，問題とされない。この「善

意」は第三者が法律上の利害関係を有するに至った時に，判断される。した
がって，その後悪意になっても，第三者に対抗できるようになるものではない。
なお登記前は，第三者の善意が事実上推定されるので，第三者の悪意を主張す
る者（登記義務者）がそれを立証する必要がある。登記すべき事実の発生など
について，第三者が必ずしも知りうるわけではないからである。ここにいう
「第三者」には，登記事項である法律関係の当事者を含まない[4]。

　「対抗できない」とは，登記すべき事実について善意の第三者に主張できな
いことをいう。したがって，Aが支配人に選任されたが未登記である間にAと
契約を締結した第三者が，当該契約の有効な成立を主張する場合のように，第
三者の側から事実の存在（Aが支配人であること）を認めることは妨げられな
い（大判明治41年10月12日民録14輯999頁）。また，第三者相互間においては，登
記の有無に関係なく当該事実の存否を主張することができる（大判明治42年6
月8日民録15輯579頁，最判昭和29年10月15日民集8巻10号1898頁）。商法9条が，
当事者とその取引の相手方との間の利害調整を目的とするものであり，第三者
相互間を対象とするものとは解されないからである。

(3)　登記後の効力（積極的公示力）

　登記事項を登記すると，当該事項について善意である第三者にも対抗するこ
とができる（9条1項後段，会社908条1項後段）。これを商業登記の積極的公示
力ともいう。

　この規定について，伝統的な通説は，次のように解している。すなわち，本
来登記をすべき者により登記事項が登記されたとしても，第三者が当該登記事
項について知らなければ，当該第三者は善意にほかならない。しかし本条は，
登記がなされたことによって，第三者は登記事項を知ったものとみなし，その
結果，たとえ実際には善意であったとしても，当事者は第三者に対して登記事
項をもって対抗できるとする（悪意擬制説，コラム36参照）。

　ただし，登記後であっても，第三者が正当の事由により登記について知るこ
とができなかった場合には，第三者に対抗することができない。第三者に対し
て酷に過ぎると考えられるからである。ここにいう「正当な事由」とは，登記
を調査しようとしてもできない客観的障害をいうとされる（最判昭和52年12月
23日裁判集民122号613頁〔判時880号78頁〕）。具体的には，交通杜絶や登記簿の滅

　4）　したがって，支配人の選任，解任登記の場合における当該支配人は，第三者にあ
　　たらない。

失汚損などがあたるとされてきた[5]。これに対して，長期の旅行や病気など当事者の主観的な事情は含まれない。なお，正当な事由があったことは，これを主張する第三者が立証しなければならない。

　したがって，商人Yの支配人であったAが解任され，代理権の消滅について登記された後（商登43条2項・29条2項），Aと契約を締結したXが，その事実を知らなかったとしても，その不知についてXに「正当な事由」がある場合を除き，YはAが支配人でないことを対抗することができる。Yが表見支配人に関する責任を負うかについて，コラム37参照。

コラム36

悪意擬制説

　商業登記において登記事項には，登記の有無にかかわらず，対抗力が存在すると考えられるが，第三者が，そのような事実を必ずしも知りうるわけではない。このため，登記がなされていないにもかかわらず登記事項を対抗できるとなれば第三者は不測の損害を被ることになる。他方，登記後は，登記制度が調査を容易にするためのものなのだから，第三者が登記を調査すればよい。そこで，登記された事項を知らない（善意）者がいたとしても，登記事項が登記されたことにより，すべての第三者がその登記事項を知っていたものとみなす効力を認めたのが，商法9条1項（会社908条1項）の定めであると考える。すなわち，登記の後でなければ善意の第三者に対抗することができないとの定めは，悪意の第三者には対抗できることを前提としていると解する。そして登記後は，登記事項の不知につき正当な事由がない限り，善意の第三者であっても対抗を受けるとし，善意であっても悪意の者と同様の取扱いを受けることを明らかにしている。ここで「善意であっても悪意の者」と取り扱う（悪意を擬制する）ことから，悪意擬制説と呼ばれている。

　実際の取引を考えた場合，積極的に登記を調査し，その事実を知った者は

5）　登記所の磁気ディスクに障害が生じたときは，登記簿の滅失汚損と同様に，客観的障害に含まれるだろう。それでは，大規模なネットワーク障害が生じたときはどうだろうか。交通杜絶と同じような状況にも思われるが，客観的障害にあたらないとも考えられる。登記所の窓口で申請することにより，登記記録にアクセスできることも考えられるからである。もっとも，オンライン申請を推奨する現状において，「オンラインで確認できないのであれば，窓口まで出かける」ということを強いる理解が適切であるか，疑問は残る。

「悪意」の第三者となるのに対して，登記を調査することなく事実を知らない者は「善意」の第三者となる。これでは勤勉な者は，登記を前提とした対応を迫られるのに対して，そうでない者は，善意の第三者として保護されることになる。これでは，バランスを失する。もっとも，第三者は「積極的に登記を調査する法的な義務を負う」とまでは考えていない。「悪意が擬制される」とは，登記された以上，その事実について知ることができたし，知るべきであったから，知る努力を怠ったときは，一定の法的不利益を甘受すべきという効果を説明するものと理解されている。

　この「悪意を擬制する」との理解に対して，商法9条1項，会社法908条1項は，「みなす」のような悪意を擬制する定めになっていないと批判される。そこで，登記がなされた後は，悪意を擬制すると表現するよりも，条文の文言通り，登記の当事者から登記事項を対抗されるというように解されている。この見解は，対抗力説と呼ばれる。

　これらに対して，商法9条1項，会社法908条1項は，登記済みの登記義務者に第三者の悪意を常に主張しうる利益を与えるためのものではないとする見解もある。この見解は，商法9条1項，会社法908条1項の定めは，商人・会社に一定の事実について登記義務を課し，その義務の履行を促すため登記事項を登記しなければ，その事実が本来有する対抗力を認めないという不利益を定めたものであり，対抗力を制限されていた登記事項が，登記後は非登記事項の対抗力とほぼ同じに復帰させるものであるとする（対抗力制限説）。

　しかし，商業登記制度が，何を登記事項とし，登記の有無についてどのような効果をもたらすかを定め，これにより商人・会社の利益と第三者の利益との調整を図るものであることに鑑みれば，登記義務者は，登記をしていないことに対する不利益を負担するだけでなく，登記をしたことに対する利益を受けると解すべきではないだろうか。このように解することにより，登記義務者に登記を促し，一定の事項を記録し公示することで，取引の安全と円滑とを図ろうとする商業登記制度が機能するものと考える。

コラム37

商業登記の積極的公示力と外観信頼保護規定

　民法112条，商法24条や会社法13条，354条，421条は，代理権・代表権がないことについて，善意または善意無過失の第三者が保護される場合があることを定める。ところが商法9条1項・会社法908条1項は，登記事項を登記すると，当該事項について善意である第三者にも対抗することができると定める。そこで商法9条1項や会社法908条1項と外観信頼保護規定の関係が問題とされる。なお，ある商人がAを支配人に選任し登記をしている場合，Aが支配人であることについて積極的公示力が生じるが，A以外の使用人（B）が支配人でないことには及ばないため，Bに商法24条の名称が付与され，Bが支配人でないことを知らない第三者を同条で保護することに，矛盾は生じないとされる。そこで，具体的に問題となるのは，支配人に選任され就任登記もなされたAが，その後退任し，その旨の登記がなされたにもかかわらず，支配人として第三者と取引を行ったような場合と考えられている。

　会社法制定前の事案であるが，判例は，共同代表の定めがあり，かつ，その旨の登記がある場合において[6]，代表取締役の1人が単独で行った法律行為についても，平成17年改正前商法262条（会社法354条に相当）の規定の類推適用が可能であるとしていた（最判昭和42年4月28日民集21巻3号796頁）。その後，代表取締役を退任しその旨の登記もなされている者が会社を代表して約束手形を振り出した場合に民法112条の適用があるかについて争われた事例において，もっぱら改正前商法12条（会社法908条1項に相当）のみが適用され，登記後は同条所定の「正当の事由」がない限り善意の第三者にも対抗することができるのであって，別に民法112条を適用ないし類推適用する余地はないとした（最判昭和49年3月22日民集28巻2号368頁）。

　商法9条1項や会社法908条1項の適用がある場合には，外観信頼保護規定の適用はないとの結論もありえるが，取引のたびに登記簿を調査するよう求めるのは，第三者に過大な負担を課すとの認識から，外観信頼保護規定を優先して取引の安全を図る立場が多数説である。

6）　代表取締役が複数存在する場合において，対内的な業務執行の統一を維持するとともに，対外的な代表権の濫用・誤用を防止するため，代表権を共同して行使することを定めることができ，そのような定めを設けたときは，共同代表の登記をしなければならないとされていた（平成17〔2005〕年改正前商法261条2項・188条2項9号・3項）。

　伝統的な通説は，悪意擬制説を前提としつつ，外観信頼保護規定は商法9条1項や会社法908条1項の例外規定であり，商法9条1項や会社法908条1項の規定の適用がある場合でも，外観信頼保護規定の要件を充たすときは，商法9条1項や会社法908条1項は，排除されるなどと説明される（例外説）。これに対して，登記後の効力については，もっぱら商法9条1項，会社法908条1項の適用があり，民法112条の適用はないとしている。

　通説に対して，登記も外観の一つであり，商法24条にいう名称の付与のような登記に優越する事由や外観が存在する場合は，正当事由に該当するものと解して差し支えないとする見解がある。この見解は，商法24条や会社法354条が登記外の表見的事実を特別に保護している場合は，登記があっても善意で正当事由を有する第三者には対抗できないとする。正当事由を広く解することから，正当事由弾力化説と呼ばれる。正当事由があり登記事項を知らない第三者には対抗できないとするのは，登記事項につき善意の第三者に対しても対抗できるとの原則に対する例外的な取扱いである。そうすると，正当事由の対象については，厳格な解釈が求められる。正当事由弾力化説では，正当事由の範囲が不明確となってしまう。また，商法24条による保護は，商人の帰責事由を要件とするが，商法9条1項にそのような要件はなく，第三者の保護が厚くなりすぎるとも批判される。

　また，異次元説は，商法9条1項，会社法908条1項の定めは，登記義務の履行を促すためのものと捉え（対抗力制限説），事実に対する対抗力の次元における規定と位置づけられるのに対して，外観信頼保護規定は，それらの規定が存在しなければ当事者は事実をもって第三者に対抗できることを前提とするものであるから，両者は次元を異にし，優劣の問題は生ぜず，何ら抵触しないとする。そして，登記の存在は，外観信頼保護規定の適用にあたり過失の有無の判断に影響を与えうるに過ぎないと考える。この見解には，先に示したように，商法9条1項の理解について，疑問が残る。たとえば，退任し，その旨の登記もされた支配人Ａとの取引の効力が問題となる場合，「対抗力を認めないという不利益」を回避するために登記義務が履行されたにもかかわらず，Ａには支配権がないことを相手方に対抗できないとすれば，免責的登記事項について，登記制度が機能しないように思われる。これでは，商人・会社は，表見責任を免れることが非常に困難となる。

　そこで，まず，商業登記の効力との関係において，民法112条は適用されないと考える。商業登記制度は，民法にない制度であり，商人・会社の利益

と第三者の利害を調整し，一定の事項を記録し公示することにより，特別の効力を定めるものであるからである。

　そして，商法24条や会社法13条，354条，421条は，商法9条1項および会社法908条1項に優先して適用されると考える。これら商法24条などの諸規定は，昭和13（1938）年商法改正により制定された定めを踏襲するものであり，明治32年に制定された定めを踏襲する登記の効力に関する諸規定に対して，例外規定と位置づけられる（後法優先の原則）。また，商法24条などの諸規定は，商人・会社に帰責事由があることを適用の要件としている。帰責事由がある商人・会社に，登記の効力を主張する利益を保護する必要は乏しいと考える。

コラム38

民事訴訟における代表権と会社法908条1項

　商業登記の一般的効力に関する定めは，訴訟関係にも適用があるか。たとえば，代表者が交代したにもかかわらず，会社がその登記を怠っていたところ，善意の第三者が登記簿上の記録に従い，旧代表者を相手に訴訟を提起した場合に問題となる。

　判例は，商法9条は，実体法上の取引関係に立つ第三者を保護するため，登記をもって対抗要件としているのであり，適用範囲も取引関係に限定されるとする（最判昭和43年11月1日民集22巻12号2402頁）。

　これに対して，民事訴訟法学説においては，適用を肯定するものが多いようである。すなわち，実質的にみて，登記を怠っている法人よりはそれを信頼した原告を保護する必要があること，当事者間の公平は取引関係においてのみ確保しなければならないものでなく，訴訟手続上も確保すべき価値であること，民事訴訟法36条の趣旨も代理権について外観を基準とするものと認められるから，表見代理の適用可能性を認める根拠となることなどを根拠としている。

2　不実の登記の効力

　商業登記は，登記事項が存在することを前提とするものであるから，事実に合致しない登記は何らの効力を有しない。しかし，現行法においては，登記官は形式的審査権を有するのみであることから，事実に反する登記がなされる可

能性がある。そして，このような登記を信頼する第三者が現れることも予想される。これに対して，登記された事実が不実であるとの登記義務者の主張をもとに，登記事項であるにもかかわらず登記されていない実体関係に基づいて法律関係が処理されれば，第三者が不測の損害を被るおそれがあり，さらに商業登記制度に対する信頼を低下させることにもなる。

そこで，商法および会社法は，登記を信頼した者を保護するため，故意または過失により不実の事項を登記をした者は，その事項が不実であることを善意の第三者に対抗できないとした（9条2項，会社908条2項）。禁反言の法理あるいは外観法理に基づくものと説明されている。登記に公信力を認めたものと説明されることもある。本条が，登記申請人の帰責事由の存在を前提としつつ，事実と異なる登記を信頼した第三者を保護することにある点に鑑み，外観信頼保護規定のひとつと解する。

不実の登記には，新たな事項の登記，既存の無効または不存在の登記の抹消登記，事実に合致しない登記の放置が含まれる（東京地判昭和31年9月10日下民集7巻9号2445頁）。また「故意」とは，登記をした者が不実であることを知りながらあえて不実の登記をしたことをいい，「過失」とは，登記をした者が相当の注意をすれば登記が不実であることを知ることができたのにそれを知らずに不実の登記をしたことをいう。

「不実の事項を登記した者」とは，登記の当事者（申請人）をいう。具体的には，商人または会社である。不実の登記につき故意または過失のある登記申請人が，その登記が不実であることを対抗できないという不利益を負うものであるから，不実の登記が登記官の過誤や第三者の虚偽申請によるものである場合には，適用されない。もっとも，無権限者によってなされた不実の登記を重大な過失により放置していた場合，是正措置をすべき登記申請人は，不実の事項を登記した者に含まれる（前掲東京地判昭和31年9月10日，東京高判昭和41年5月10日下民集17巻5＝6号395頁）。

保護される第三者は「善意」であることが必要である。ここにいう「善意」とは，登記が真実であると積極的に信頼したことまでは必要なく，登記と事実が相違していることを知らないことで足りるとされる（前掲東京地判昭和31年9月10日）。すなわち，不実の登記を見て，それを真実であると信じたことは必要でないと解されている（通説）[7]。また，無過失であることは必要でない（前掲東京高判昭和41年5月10日）。なお，登記の当事者は，不実であることを

知って取引をした第三者には，不実であることを主張できる。

コラム39

不実の登記と取締役の対第三者責任

　会社法429条1項は，取締役が，その職務を行うについて悪意または重大な過失があったときは，これによって第三者に生じた損害を賠償する責任を負うと定めている。ここにいう「取締役」とは，取締役として適法に選任され，就任を承諾した者をいう。ところが，①選任手続がなされていないにもかかわらず，登記簿上だけ取締役となっていたり，②すでに退任したにもかかわらず，その登記がなされておらず，取締役としての登記が残っていたりする場合がある。取締役に対する責任が追及される場合，このような「登記簿上の取締役」が対象となることがある。

　①の事例について，判例は，会社法908条2項を類推適用して，登記簿上の取締役は，自己が取締役でないことをもって善意の第三者に対抗することができず，取締役としての責任を免れることができないとする（最判昭和47年6月15日民集26巻5号984頁）。会社法908条2項（商9条2項）において，善意の第三者に対抗できないのは「不実の事項を登記した者」であり，登記の申請人である会社がこれにあたる。ゆえに，「登記簿上の取締役」には適用がなさそうであるが，不実の登記の出現に加功した者に対する関係においても，登記申請人に対する関係におけると同様，善意の第三者を保護する必要があるから，会社法908条2項を類推適用するという。

　これに対して②の事例については，不実の登記を残存させることにつき明示的に承諾を与えていたなどの特段の事情が存在する場合に限り，取締役としての責任を免れることができないとする（最判昭和62年4月16日判時1248号127頁，最判昭和63年1月26日金法1196号26頁）。退任した取締役は，自ら登記を申請する権利はなく，会社関係から離脱していることから，残存する登記を抹消する義務を負うともいいがたい。

7）　このように通説は，商法9条2項（会社908条2項）により，登記と登記すべき事実が異なることを知らない第三者は広く保護されるものとする。しかし，同条項を外観信頼保護規定と捉えるならば，このような解釈を十分に説明することは困難であると思われる。同条項の趣旨につき，外観信頼保護規定と捉え，登記制度および登記の効力に関する定めが，事実に即した登記を促す（不実の登記をした者には不利益がもたらされる）ことにより，企業と第三者の利害調整を目的とするものである点をあわせ考えれば，通説を根拠づけることもできるように思われる。

　　もっとも，このような理論構成には，批判もある。すなわち，ここで問題
となる第三者は，会社の登記簿を閲覧し，登記簿上の取締役を信頼し新たな
法律関係を形成したのではなく，会社が経営破綻した後に登記簿を調査し取
締役の存在を知るということもあるだろう。そうすると，会社法908条2項
により保護される第三者にあたらないのではないかというのである。そこで，
会社法908条2項によるのではなく，登記簿上の取締役であっても，第三者
が害された原因に寄与しているか，悪意・重過失に相当する責任があるのか
検討し，会社法429条の定めにより解決すべきとの見解がある。この見解は，
会社が登記簿上の形式だけを整えることに協力し，取締役会および取締役の
機能が十分に働かない会社の出現に加担した者は，適法に選任された取締役
に任務懈怠があると同様に会社法429条1項の責任を負うとする。

3　商業登記の特殊な効力

(1)　総　説

　商業登記本来の効力ではないが，特定の場合に，商業登記に特別の効力が付
与され，あるいは，商業登記のあった時期を基準として一定の効果が与えられ
るものがある。これらは，商業登記簿における登記が，登記事項の有無やその
効力発生時期などについて比較的明確な基準となることから，法が登記のみに
ついて特別の効力を与えたものである。

(2)　創設的効力

　商業登記は，通常，登記の前に一定の法律関係が発生し，当該法律関係を公
示するために行われる。これに対して，登記により新たな法律関係が創設され
る場合がある。これを商業登記の創設的効力という。この場合には，登記する
ことが一定の法律関係の成立要件とされ，登記をしない限りその法律関係は法
律上成立しないこととなる。たとえば，株式会社は，設立の登記をすることに
よって成立する（会社49条）。

　このような登記により創設された法律関係には，商業登記の一般的効力に関
する定めの適用はないと解されている。ゆえに株式会社の成立は，第三者の善
意悪意を問わず，設立の登記により画一的に決定される。

(3)　補完的効力

　登記の前提である法律関係に存在した瑕疵が，登記により補完され，当該瑕
疵を主張できなくなる場合がある。これを商業登記の補完的効力という。治癒

的効力と呼ばれることもある。たとえば，株式会社の設立登記がなされると，発起人は，株式会社の成立後は，錯誤，詐欺または強迫を理由として設立時発行株式の引受けを取り消すことができなくなる（会社51条2項）。

⑷　付随的効力

　登記により，一定の行為が許容され，免責の基礎とされる場合がある。これを商業登記の付随的効力という。たとえば，持分会社を退社した社員の退社前の責任は，退社の登記後2年を経過した時に消滅し（会社612条2項），持分会社の社員の責任は，解散の登記後5年を経過した時に消滅する（会社673条1項）。

判例索引

事項索引

〔著者紹介〕

永井和之（ながい・かずゆき）

〔執筆担当：第1編〕
1945（昭和20）年生まれ
中央大学法学部卒業
現在　中央大学名誉教授
著作　『現代商法Ⅱ 会社法〔三訂版〕』（共著，三省堂，1995年）
　　　『会社法〔第3版〕』（単著，有斐閣，2001年）
　　　『会社法学の省察』（共編，中央経済社，2012年）
　　　『逐条解説 会社法1〜6・9』（共編，中央経済社，2008年〜）
　　　『法学入門〔第3版〕』（共編，中央経済社，2020年）

三浦　治（みうら・おさむ）

〔執筆担当：第2編，第3編第1章・第2章・第5章〕
1963（昭和38年）生まれ
中央大学大学院法学研究科博士後期課程退学
現在　中央大学法学部教授
著作　『基本テキスト 会社法　第2版』（単著，中央経済社，2020年）
　　　「取締役の経営判断の過程と内容との区別―アパマンショップ事件各判決を検討素材として―」
　　　永井和之先生古稀記念論文集『企業法学の論理と体系』（中央経済社，2016年）
　　　「株式の相続人（準共有株主）による議決権不統一行使の一方法」法学新報127巻3・4号（野
　　　沢紀雅先生退職記念論文集）（2021年）

木下　崇（きのした・たかし）

〔執筆担当：第3編第6章〜第8章〕
1969（昭和44年）生まれ
中央大学大学院法学研究科博士後期課程単位取得退学
現在　専修大学法学部教授
著作　「共有株式に係る議決権の行使と権利行使者の指定に関する一考察」永井和之先生古稀記念論文
　　　集『企業法学の論理と体系』（中央経済社，2016年）
　　　「企業買収に関する裁判例の展開―公開買付義務の適用対象を中心に―」河内隆史編集代表『金
　　　融商品取引法の理論・実務・判例』（勁草書房，2019年）
　　　「濫用的な会社分割と会社法による債権者の保護」丸山秀平先生古稀記念論文集『商事立法にお
　　　ける近時の発展と展望』（中央経済社，2021年）

一ノ澤　直人（いちのさわ・なおと）

〔執筆担当：第3編第3章・第4章〕
1969（昭和44年）生まれ
中央大学大学院法学研究科博士後期課程単位取得退学
現在　中央大学法学部教授
著作　「平成二六年会社法改正とコーポレートガバナンス・コードにおける社外取締役―業務執行者に
　　　対する取締役会による監督の実効性確保のために」永井和之先生古稀記念論文集『企業法学の
　　　論理と体系』（中央経済社，2016年）
　　　「社外取締役に関する令和元年会社法改正とCGコード改定案における取締役会の機能発揮―英
　　　国における取締役会議長の展開を手懸かりとして」丸山秀平先生古稀記念論文集『商事立法に
　　　おける近時の発展と展望』（中央経済社，2021年）

基本テキスト 企業法総論・商法総則

2022年4月25日　第1版第1刷発行

著　者　永　井　和　之
　　　　三　浦　　　治
　　　　木　下　　　崇
　　　　一ノ澤　直　人
発行者　山　本　　　継
発行所　㈱中央経済社
発売元　㈱中央経済グループ
　　　　パブリッシング

〒101-0051　東京都千代田区神田神保町1-31-2
電話　03 (3293) 3371（編集代表）
　　　03 (3293) 3381（営業代表）
https://www.chuokeizai.co.jp
印刷／三英印刷㈱
製本／㈲井上製本所

©2022
Printed in Japan

＊頁の「欠落」や「順序違い」などがありましたらお取り替えいた
しますので発売元までご送付ください。（送料小社負担）
ISBN978-4-502-41841-9　C3032

JCOPY〈出版者著作権管理機構委託出版物〉本書を無断で複写複製（コピー）することは,
著作権法上の例外を除き，禁じられています。本書をコピーされる場合は事前に出版者著
作権管理機構（JCOPY）の許諾を受けてください。
　JCOPY〈https://www.jcopy.or.jp　eメール：info@jcopy.or.jp〉

令和3年3月施行の改正会社法・法務省令がわかる！

「会社法」法令集〈第十三版〉

中央経済社 編　ISBN：978-4-502-38661-9
A5判・748頁　定価 3,520円 (税込)

◆重要条文ミニ解説
◆会社法─省令対応表　｜　付き
◆改正箇所表示

令和元年法律第 70 号による 5 年ぶりの大きな会社法改正をはじめ，令和 2 年法務省令第 52 号による会社法施行規則および会社計算規則の改正を収録した，令和 3 年 3 月 1 日現在の最新内容。改正による条文の変更箇所に色づけをしており，どの条文がどう変わったか，追加や削除された条文は何かなど，一目でわかります！
　好評の「ミニ解説」も，法令改正を踏まえ加筆・見直しを行いました。

本書の特徴

◆**会社法関連法規を完全収録**
　平成 17 年 7 月に公布された「会社法」から同 18 年 2 月に公布された 3 本の法務省令等，会社法に関連するすべての重要な法令を完全収録したものです。

◆**好評の「ミニ解説」さらに充実！**
　重要条文のポイントを簡潔にまとめたミニ解説を大幅に加筆。改正内容を端的に理解することができます！

◆**改正箇所が一目瞭然！**
　令和 3 年 3 月 1 日施行の改正箇所とそれ以降に施行される改正箇所で表記方法に変化をつけ，どの条文が，いつ，どう変わった（変わる）のかわかります！

◆**引用条文の見出しを表示**
　会社法条文中，引用されている条文番号の下に，その条文の見出し（ない場合は適宜工夫）を色刷りで明記しました。条文の相互関係がすぐわかり，理解を助けます。

◆**政省令探しは簡単！　条文中に番号を明記**
　法律条文の該当箇所に，政省令（略称＝目次参照）の条文番号を色刷りで表示しました。意外に手間取る政省令探しも素早く行えます。

中央経済社

基本テキスト 企業法総論・商法総則

2022年4月25日　第1版第1刷発行

著　者　永　井　和　之
　　　　三　浦　　　治
　　　　木　下　　　崇
　　　　一ノ澤　直　人

発行者　山　本　　　継

発行所　㈱中央経済社

発売元　㈱中央経済グループ
　　　　パブリッシング

〒101-0051　東京都千代田区神田神保町1-31-2
　　　　　電話　03 (3293) 3371(編集代表)
　　　　　　　　03 (3293) 3381(営業代表)
　　　　　https://www.chuokeizai.co.jp
　　　　　印刷／三英印刷㈱
　　　　　製本／㈲井上製本所

©2022
Printed in Japan

＊頁の「欠落」や「順序違い」などがありましたらお取り替えいた
しますので発売元までご送付ください。（送料小社負担）
ISBN978-4-502-41841-9　C3032

JCOPY〈出版者著作権管理機構委託出版物〉本書を無断で複写複製（コピー）することは，
著作権法上の例外を除き，禁じられています。本書をコピーされる場合は事前に出版者著
作権管理機構（JCOPY）の許諾を受けてください。
　JCOPY〈https://www.jcopy.or.jp　eメール：info@jcopy.or.jp〉

令和3年3月施行の改正会社法・法務省令がわかる！

「会社法」法令集〈第十三版〉

中央経済社 編　ISBN：978-4-502-38661-9
A5判・748頁　定価 3,520円（税込）

◆重要条文ミニ解説
◆会社法—省令対応表　付き
◆改正箇所表示

　　令和元年法律第70号による5年ぶりの大きな会社法改正をはじめ，令和2年法務省令第52号による会社法施行規則および会社計算規則の改正を収録した，令和3年3月1日現在の最新内容。改正による条文の変更箇所に色づけをしており，どの条文がどう変わったか，追加や削除された条文は何かなど，一目でわかります！
　　好評の「ミニ解説」も，法令改正を踏まえ加筆・見直しを行いました。

本書の特徴

◆**会社法関連法規を完全収録**
　　平成17年7月に公布された「会社法」から同18年2月に公布された3本の法務省令等，会社法に関連するすべての重要な法令を完全収録したものです。

◆**好評の「ミニ解説」さらに充実！**
　　重要条文のポイントを簡潔にまとめたミニ解説を大幅に加筆。改正内容を端的に理解することができます！

◆**改正箇所が一目瞭然！**
　　令和3年3月1日施行の改正箇所とそれ以降に施行される改正箇所で表記方法に変化をつけ，どの条文が，いつ，どう変わった（変わる）のかわかります！

◆**引用条文の見出しを表示**
　　会社法条文中，引用されている条文番号の下に，その条文の見出し（ない場合は適宜工夫）を色刷りで明記しました。条文の相互関係がすぐわかり，理解を助けます。

◆**政省令探しは簡単！ 条文中に番号を明記**
　　法律条文の該当箇所に，政省令（略称＝目次参照）の条文番号を色刷りで表示しました。意外に手間取る政省令探しも素早く行えます。

中央経済社